Collection
souris noire

dirigée par
Franck Pavloff

L'auteur

Jean-Hugues Oppel : barbu, lunettes,
motard, bientôt la quarantaine.
Écrit depuis qu'il est tout petit
parce qu'il adore raconter des histoires.
Devient technicien de prise de vues
cinématographiques, lorgne du côté
des scénarios, et ne désespère pas
de dire un jour : « Moteur ! »
En attendant, continue d'écrire...
du polar pour tous les âges : des mots
d'urgence, de combat et de tendresse ;
une littérature noire revendiquée, pour rire,
s'interroger, se passionner, rêver et frissonner...

Du même auteur

• *Ippon*
Syros/Poche Souris Noire
• *David a du flair*
Flammarion/Castor Poche
• *Génération vidéo*
Bayard Presse/Je Bouquine

A publié plusieurs romans en polar adulte chez Gallimard/Série Noire et Rivages/Noir

Jean-Hugues Oppel

Nuit rouge

Illustration de couverture
Jacques Ferrandez

souris
noire

SYROS
jeunesse

Catalogage Électre-Bibliographie
Oppel, Jean-Hugues
Nuit rouge. – Nouv. éd. – Paris : Syros, 1997. – (poche Souris noire ; 10)
ISBN 2-84146-456-3
Dewey : 811.5 : Albums et fiction. Romans. Aventures et voyages
Public concerné : Bons lecteurs (à partir de 9 ans)

1

Le feu est né au pied de la montagne.

Quelques flammèches jaunes, d'abord, palpitant au creux d'un buisson d'épineux. Apparues spontanément, comme si une main invisible avait battu le briquet sous les branches.

Sèches, craquantes, elles s'embrasent. En moins d'une minute, le buisson tout entier est une torche crépitante.

L'air est sec. Encore lourd des heures chaudes de la journée caniculaire. La nuit qui vient n'apporte aucune fraîcheur ; juste un semblant de douceur qui ne parviendra pas à refroidir l'intérieur des maisons. Il n'a pas plu depuis le début de l'été. La sécheresse ronge la végétation.

Pas un souffle de vent.

Le buisson se consume entièrement jusqu'à sa base, sans cesser de mitrailler la garrigue d'une myriade de braises rougeoyantes. Les épineux calcinés dessinent bientôt un rond irrégulier de cendres et de tisons qui charbonnent en chuintant.

Plus de flammes.

Mais le feu sait être patient. Il n'a besoin que d'une légère brise pour renaître.

Sur les crêtes montagneuses, une renarde à l'affût tombe en arrêt. Hume l'atmosphère, la truffe frémissante, les oreilles couchées sur la nuque. Elle n'aime pas ce que son flair devine derrière les odeurs habituelles du paysage.

Dans une ravine à trois bonds de là, un lièvre détale entre les rochers.

La renarde néglige ce gibier. Son nez fin se fronce soudain, inquiet.

Un coup de vent brusque hérisse sa fourrure. Meurt aussi rapidement qu'il est venu.

Mais cela a suffi.

Les braises éparpillées s'allument comme autant de foyers miniatures. La garrigue se transforme en gâteau d'anniversaire. Les flammes montent alors, claires et droites.

Le feu se moque du vent capricieux qui refuse de souffler à nouveau ; il saura s'en passer. Il sait utiliser au mieux le terrain, ramper entre les broussailles, sauter d'une touffe d'ajoncs à une autre et s'envoler vers un bouquet d'arbustes racornis par le soleil, porté par la seule pesanteur. Le feu est malin.

Et gourmand. Son appétit vorace n'a pas de limite.

Sans l'aide du vent, l'incendie se borne à dévorer la terre au pied de la montagne. Sans le vent, le feu ne peut s'étendre aussi rapidement qu'il le voudrait.

Ce n'est pas grave : il n'est pas pressé.

Si les hommes ou la pluie ne s'en mêlent pas, il poussera son haleine brûlante jusqu'au bout de la garrigue, vers le bord du plateau. Il gagnera la vallée en s'aidant de la forêt.

Sur les crêtes, la renarde a glapi : le feu vient de dresser une muraille infranchissable entre elle et le terrier où sa nichée printanière tardive attend son retour de la chasse. Elle va et vient le long de la montagne, affolée.

Autour d'elle, la faune de la garrigue gagne les hauteurs. Le ciel noir s'emplit d'une multitude de bruissements paniqués. Tout ce qui court détale à fond de pattes ; tout ce qui vole fuit à tire-d'aile.

L'air nocturne se charge de vapeurs délétères. La température monte ; des pierres éclatent. Les gaz toxiques s'infiltrent dans le sol surchauffé.

Au fond du terrier, terrorisés, incapables d'évaluer le danger annoncé par cette chaleur qui fait crier la terre, les renardeaux se pressent les uns contre les autres en gémissant.

Ils seront les premières victimes de l'appétit du feu.

2

« Tu te barres, mec ? »

Christophe se rattrape de justesse aux barreaux de la rambarde qu'il escaladait.

– Tu m'as foutu les jetons, corniaud !

La lune brille haut dans le ciel sans nuages, éclairant la terrasse. Christophe voit très bien celui qui l'a fait sursauter : c'est Mamoud.

Son voisin de gauche, au dortoir. Orphelin, lui aussi : attentat à la bombe devant un bureau postal de la banlieue d'Alger une année auparavant. Pas de revendication, une dizaine de morts, les parents de Mamoud dans le lot. Déchiquetés par la charge d'explosifs au nom de Dieu ou de la politique gouvernementale, le garçon ne saura jamais. Ses père et mère étaient revenus au pays natal pour un pèlerinage sentimental ; premières vacances sans le fiston laissé chez des amis. Vacances éternelles.

– Je t'ai entendu quand tu t'es levé...

Mamoud n'a pourtant pas bronché. Christophe a quitté son lit longtemps après l'extinction des lumières ; s'est assuré que toute la chambrée semblait dormir, avant de s'habiller, se chausser et préparer son bagage, en s'efforçant de ne pas faire de bruit.

– Tu ne dormais pas ?

– Fait trop chaud, même pour moi ! Alors, tu te barres pour de bon, mec ? T'es pas heureux, ici ?

– Si on te demande, tu dis que t'en sais rien, Mamoud ! grogne Christophe.

– Je ne suis pas un mouchard ! Mais je suis curieux de nature, c'est plus fort que moi... Tu vas où ?

– Sur la côte, murmure Christophe, la voix soudain étranglée, comme s'il avouait un crime abominable. Voir sa grand-mère. Il n'a plus qu'elle. Ses parents à lui n'ont pas été victimes d'un fanatique assassin, mais d'un banal accident de la route, Twingo toute neuve contre 15 tonnes turbocompressées, ils n'avaient aucune chance. Un an d'hôpital pour Christophe, unique rescapé de la collision, puis longues séances de rééducation dans un centre spécialisé. Ce n'est qu'après avoir retrouvé toutes ses fonctions motrices qu'il s'était mis à vandaliser les camions en stationnement, avant de se faire cueillir en flagrant délit par une voiture de patrouille qu'il n'avait pas entendu venir.

Au vu de son histoire, le juge pour enfants fit preuve d'indulgence, et Christophe se retrouva placé sous tutelle de l'État, pensionnaire au Foyer d'assistance et de réinsertion, le FAR en abrégé. L'institution est installée dans un vieux manoir réhabilité, répondant au nom chantant de *Castel Ventadorn*.

Mamoud, lui, avait porté le deuil durant six mois avant de commencer à piquer des mobylettes et des scooters qu'il pilotait à fond sur les voies rapides, la nuit, en chevauchées suicidaires. La maréchaussée mit un terme à ces rodéos avant qu'il ne passe aux cylindrées supérieures. Comparu devant le même tribunal que Christophe, Mamoud arriva au castel quelques mois après lui.

Leurs tragédies respectives les ont aussitôt rapprochés. Ils sont devenus inséparables.

Sauf maintenant.

– Sur la côte ? Qu'est-ce que tu vas foutre sur la côte, mec ? T'as envie de voir la mer ?

– Je vais voir ma mémé...

– Sans blague ! T'as pas oublié la galette et le petit pot de beurre !?

– C'est toi, le beur, Mamoud !

– Elle est bonne, celle-là, je la replacerai ! Sans déc', y'a du suif chez ta mère-grand ?

Elle n'est pas venue dimanche dernier pour la kermesse annuelle du Foyer. Paraît qu'elle était souffrante. Pas reçu de lettre depuis. Pas un coup de téléphone. Chaque fois qu'il demande après elle, on lui répond de façon évasive. Et ce matin, la directrice qui parle à voix basse avec la cuisinière, en le regardant de biais comme il traversait la cour du castel... Christophe avait pris ce regard comme un poignard dans le cœur.

– Il est arrivé un turbin à Mémé, j'en suis sûr, je vais y voir, et voilà ! Tu comptes m'en empêcher ?

– Tu fais ce que tu veux, mec, t'es grand !

Treize ans. Mamoud, douze à peine. À eux deux, oui, ils feraient un adulte. Un pas vieux.

– Tu veux venir avec moi, Mamoud ?

– Merci, sans façon ! Tout seul, t'as tes chances, mais avec un bougnoule dans l'aventure, t'iras pas loin !

– T'es pas un bougnoule, Mamoud.

– Pour toi, peut-être...

– Pour nous tous ici, déconne pas !

– Peut-être aussi... Mais ailleurs, c'est une autre affaire ! Tu prends le train ou tu fais du stop ?

– Pour me faire ramasser par les flics ? Merci bien !

– Tu ne vas pas y aller à pinces, quand même ?

– Si on te demande...

–... je dis que j'en sais rien ! complète Mamoud, rigolard ; fais comme tu veux, mec, c'est toi qui décides. T'as fait le sac, à ce que je vois ?

Mamoud montre la grosse banane à fermeture Éclair que Christophe porte en bandoulière.

– T'as du fric ?

Le visage de Christophe se ferme. Hermétiquement. Mamoud toise son camarade, soupçonneux. Mais n'insiste pas.

– Bon, ben, barre-toi, mec, prends de l'avance avant que le jour se lève. Tu comptes revenir quand, si les gendarmes ne te sautent pas sur le râble avant ?!

– Marre-toi, va... Je vais sur la côte, je vois ma grand-mère, où qu'elle soit, et après... je verrai !

– Et si...

Mamoud suspend sa phrase. Christophe comprend à demi-mot. Ne répond pas. Si la grand-mère est – il ne sait pas ce qu'il fera, dans ce cas. Où il ira. Il ne reviendra pas au Foyer. Ça, il en est convaincu.

– Souhaite-moi bonne chance, Mamoud...

– Inch'Allah, mec !

Christophe se laisse pendre à la rambarde. La pointe de ses baskets effleure le toit d'un appentis, en contrebas de la terrasse. Il est plat. Au bout de ce toit, il sautera sur un autre, celui d'une remise à outils adossée à la colline. Encore un saut, pas plus de deux mètres. Pas besoin d'être Carl Lewis pour le réussir. Ensuite, il devra remonter la pente jusqu'aux courts de tennis, contourner la piscine et filer droit vers les bois.

Mamoud le regarde s'éloigner, avant de retourner dans son lit. Une chaleur étouffante règne à l'intérieur du castel. Le dortoir est une étuve. Mamoud se couche sans ramener les draps sur lui. Songe qu'il y a pire, comme endroit.

Le Foyer d'assistance et de réinsertion accueille une trentaine de pensionnaires des deux sexes (dortoirs séparés, comme de bien entendu), tous mineurs, sans attaches familiales ou presque. Certains ont déjà eu des ennuis avec la justice, d'autres en auront – le travail de la directrice et des éducateurs consiste à ce qu'ils soient le moins possible.

L'enceinte du *Castel Ventadorn* est clôturée, pour la forme : un simple grillage pas très haut, facile à escalader quand on en a vraiment envie.

Christophe en a vraiment envie.

Au sommet de la colline, Christophe s'oriente.

Ce n'est pas un enragé de la marche à pied, mais l'ivresse de l'aventure lui donne des jambes. Il tourne le dos au castel et s'enfonce dans les bois. Rapidement, il rejoint la trace d'un sentier muletier qu'il connaît comme sa poche, jusqu'à un certain point.

De son oreiller à ce certain point, il a tout repéré et répété dans sa tête, et cela ne date pas d'hier. Au-delà, vers la mer et l'hospice de Mémé, c'est une autre paire de manches. Il a consulté des cartes, à la bibliothèque du Foyer. En douce. En aurait bien fauché une, mais c'était risquer de signer son itinéraire.

Il aurait préféré ne rencontrer personne, en quittant le castel. Sacré Mamoud ! Il faut espérer qu'il tiendra sa langue si on l'interroge.

Comme lui, Christophe reconnaît qu'il y a pire endroit que le FAR pour apprendre à vivre. Les copains sont gentils, raisonnablement chiants ; le personnel également. Christophe n'est pas mauvais en classe. La soupe est bonne. Les filles... Les filles commencent à l'intéresser, pour tout dire, surtout celles qui ont de la poitrine.

Mais bon : le soleil, les cigales, la bonne camaraderie, les adultes compréhensifs et le sourire des nanas n'ont pas empêché les cauchemars à répétition, nourris de carambolages monstrueux où personne ne meurt sauf lui, Christophe, qui se réveille en hurlant, ameutant tout le dortoir – alors, Mamoud, l'auto-stop, très peu pour moi !

Et puis une envie irrésistible de sortir des murs du castel a grandi. L'absence de sa grand-mère à la kermesse, le drôle de regard de la directrice ce matin ont suffi à transformer l'envie en réalité. Un p'tit tour sur la côte, prendre des nouvelles de Mémé, respirer un peu, et...

Penser à autre chose.

Le sentier muletier serpente entre les troncs. Au siècle dernier, il était emprunté par des contrebandiers trafiquant le sel, le tabac et les épices débarqués dans les ports italiens.

La nuit est chaude. Il fait sombre, mais l'on y voit assez pour poser le pied sans craindre de se le tordre dans un trou. Les rayons de la lune percent le feuillage ; dressent des ombres fantomatiques sur le décor. Il en faudrait plus pour impressionner Christophe.

Il va d'un bon pas : il a une trotte à faire ; déjà mettre une bonne distance entre lui et ceux qui ne manqueront pas de partir à sa recherche, dès son absence constatée. Sans parler du reste – penser à autre chose, encore et toujours.

Dans son sac, il transporte une gourde d'eau, un paquet de biscuits, une plaque de chocolat et quelques feuilles de papier hygiénique. Pas de quoi gravir l'Annapurna sans escale, mais il ne voulait pas se charger, ni piller les réserves du Foyer de façon trop voyante. Il pourra aussi manger en chemin des baies, des mûres, des framboises sauvages, des noisettes. Malgré la sécheresse, il trouvera bien un ruisseau où refaire le plein. Pourra à la rigueur prendre le risque de se désaltérer à une fontaine dans un village.

Il a tout prévu.

Même l'argent. Il se tâte le bas-ventre à travers son pantalon de jogging. La pochette plastifiée fait une bosse sous le vêtement. Dedans, quelques billets. Des gros. Il a pris sans regarder, ni compter, mais le pactole doit chercher dans les mille francs. Nouveaux. Ne pouvait pas en parler à Mamoud sans révéler la provenance de cette fortune. Impossible à dire. Mais le copain sera au courant en même temps que tout le Foyer quand on découvrira le vol.

Pas fier de lui, Christophe. Il presse l'allure sur le sentier muletier.

Le silence de la forêt l'étonne.

D'ordinaire, même la nuit, la futaie bruisse de mille petits sons familiers, insectes fouisseurs, rongeurs en balade, oiseaux nocturnes en maraude.

Là, rien.

Si. Devant, à onze heures, comme on dit dans les films de guerre, Christophe croit avoir entendu parler. Des voix d'hommes, furtives. Des chasseurs ? Ce n'est pas la période. Des promeneurs ? À cette heure, bizarre.

Des braconniers, plutôt. Comme ceux à qui la cuisinière donne la pièce en échange d'une paire de lapins. Christophe n'aime pas le lapin ; la cuisinière, oui. Elle est gentille, elle cuisine bien (sauf le lapin) et sait manier les herbes aromatiques du pays comme pas une : elle fait le dimanche un pistou à s'en faire péter la sous-ventrière, le castel embaume le basilic jusqu'au lendemain soir.

Ne pas penser bouffe, ça donne faim.

Christophe ralentit et tend l'oreille. N'entend plus rien. Qui que ce soit, il préfère ne pas se faire voir.

Il va pour quitter le sentier quand une poigne brutale le saisit à l'épaule.

D'instinct, Christophe plonge en avant.

Il échappe à celui qui le tenait, abandonnant sa banane entre ses mains. Il roule à terre, se redresse aussitôt et fait face, bravement.

Ils sont deux. Un maigre et un gros.

Deux hommes d'âge mûr, en pantalon et veste de chasse, casquette léopard sur la tête, mais sans fusils ni cartouchières. Ils tiennent chacun un gros sac de sport modèle polochon.

La faible clarté lunaire qui règne dans le sous-bois ne leur fait pas le portrait engageant : ils ont des sales trognes de rôdeurs patibulaires – et l'air aussi surpris que Christophe de se croiser.

Le maigre balance la banane au bout de son doigt.

– Qu'est-ce que tu fais là, gamin ? dit-il.

Vilaine voix rocailleuse. Le gros ricane ; ce n'est pas plus agréable à entendre.

– T'as mal choisi ton heure pour te promener dans la forêt, tu sais, on peut y faire des mauvaises rencontres !

Les deux rient grassement. Christophe ne se laisse pas démonter. Il tente (sans grand succès) d'assurer sa voix.

– Et vous, alors ?

– Mais c'est qu'il répond, l'effronté ! gronde le maigre ; t'entends ça, Raoul ?

– Pas de noms, tu parles trop, Mauri... imbécile ! rétorque le gros ; toi, le gamin, t'as rien entendu, t'as compris ?

– Ouais, c'est comme si on n'avait rien dit, pigé ?

Christophe répondrait bien : « Compris, m'sieur Raoul ! Pigé, m'sieur Maurice ! » mais pense que ce ne serait pas très futé de sa part. Il se contente de hocher la tête, affirmatif.

– Bon, avec tout ça, tu ne nous as pas répondu, reprend le maigre ; qu'est-ce que tu fiches ici, à c't'heure ?

Christophe se tait. Étrangement, il n'a qu'une crainte relative des deux hommes. Il les situe mal.

Sans armes, ce ne sont pas des chasseurs devançant frauduleusement l'ouverture. Ils sont trop vieux pour être des voyous en quête d'un mauvais coup ; d'ailleurs, hormis le castel, il n'y a pas de maisons à cambrioler dans les environs. Leurs vêtements, sans être luxueux, semblent valoir cher : ce ne sont pas non plus des vagabonds. L'hypothèse de braconniers est la plus plausible. Ils doivent transporter leur matériel, pièges, collets, appâts, dans les polochons, qui ont l'air lourds.

Regarder les sacs fait penser au sien.

– Je peux ravoir ma banane, m'sieur ?

Le maigre la secoue comme on agite un hochet.

– Qu'est-ce que tu as là-dedans, hein ?

Il fouille. Trouve le chocolat, la gourde, les biscuits. Les feuilles roses le laissent bouche bée.

– Tu pars en expédition, dis donc...

– Hé ! Maur... Bordel ! Comment y faut que je t'appelle ?!

– Tu m'appelles pas, c'est tout ! Et tu surveilles ton langage devant un môme, connard ! Tu voulais me dire quoi ?

– Ce p'tit gars, il viendrait pas des fois de l'espèce d'orphelinat qu'est par là-bas ?

– Du castel Trucmuche ? Pourquoi pas, ouais... Qu'est-ce que t'en dis, gamin ?

– Je peux ravoir mon sac, m'sieur ? répète Christophe.

– C'est pas un gosse, c'est un perroquet ! glousse le gros.

– On va le remettre dans sa cage, alors ? dit le maigre.

Christophe ne voit pas ces deux olibrius le ramener *manu militari* au Foyer. Qu'ils soient des braconniers ou n'importe qui d'autre, leur présence dans les bois n'est pas plus honnête que la sienne, il le devine.

– Le problème, c'est qu'il nous a vus...

Là, Christophe prend peur. Le maigre a dit cela sur un ton qui ne présage rien de bon. Christophe commence à reculer, insensiblement. Tant pis pour les provisions.

– Bouge pas, gamin ! Tu crois pas qu'on va te laisser partir comme ça, non ?

Les deux hommes s'avancent et s'écartent l'un de l'autre, le maigre à droite, le gros à gauche. Ils ont lâché leurs sacs, qui tombent mollement à terre.

Christophe sent une drôle d'odeur. Pas celle de sa sueur, ni du sous-bois, qu'il connaît bien. Une autre odeur qu'il connaît bien aussi, mais ne parvient pas à identifier.

Le maigre a bondi.

Christophe a failli se faire surprendre. Il esquive l'attaque d'un bond de côté... qui le jette dans les bras du gros.

Emporté par son élan, le maigre s'étale dans les fougères.

Le gros ceinture Christophe.

– Halte-là, morpion !

Mélangée à son haleine repoussante, venant de ses vêtements, toujours cette odeur douceâtre et piquante à la fois. Christophe se débat.

– Je te tiens !

Vite dit. Christophe joue des pieds et des poings. Par hasard, il frappe l'homme en plein sur le nez. Le gros beugle de douleur et le lâche.

Le maigre n'a pas eu le temps de se relever que déjà Christophe cavale à fond de train dans les bois, insensible aux buissons qui lui griffent les mollets, aux branches basses qui fouettent son visage.

– La petite ordure ! Il m'a bousillé le pif, je te dis ! gémit le gros ; t'y cours pas après, Maurice ?

Le maigre scrute la pénombre dans la direction du fuyard, dont la course se perd dans le lointain.

– À quoi bon ? Il a trop d'avance, on ne le rattrapera pas... Il en sera quitte pour une bonne trouille ! Tu nous vois ratisser la forêt toute la nuit ?

– Ouais, mais il nous a vus, tu l'as dit !

– Je voulais lui faire peur, c'est tout...

– C'est réussi ! Qu'est-ce qu'on fait ?

Le maigre ramasse son sac et celui de son compagnon ; le lui lance. Hésite à se débarrasser de la banane du garçon. La fourre dans son polochon ; il aime le chocolat. Sa gourmandise le perdra.

– On continue, Raoul, dit-il ; et on se dépêche !

– Alors, pour le môme ?

– On laisse tomber. Il ne nous connaît pas, et je crois que tu avais raison, c'est un fugueur, il n'a aucun intérêt à se faire remarquer, lui non plus !

Le gros scrute à son tour le sous-bois redevenu silencieux. En dépit de son apparence de brute épaisse, une sorte de gêne se lit sur ses traits mous.

– N'empêche, Maurice, il va dans la mauvaise direction...

– Eh bien, ça réglera peut-être notre problème sans qu'on ait à se salir les pognes ! dit le maigre avec un sourire féroce ; regarde, Raoul, quand je te dis qu'il faut se dépêcher...

L'homme pointe le doigt au-dessus d'eux, vers une portion de ciel étoilé visible à travers une trouée de la futaie.

Une lueur orangée dévore petit à petit la noirceur de la nuit.

3

La fourgonnette rouge s'arrête devant le castel en dérapage contrôlé, gyrophare tournoyant, sirène meuglante.

Claquement de portières. Deux pompiers descendent du véhicule. Se dirigent vers l'escalier menant à la terrasse.

Des fenêtres s'illuminent à la façade du manoir. Celles des dortoirs restent obscures, mais quelques têtes ensommeillées et curieuses se montrent derrière les carreaux.

Un petit autocar freine dans la cour. Entreprend une savante manœuvre pour faire demi-tour et se remettre dans le sens du départ, face à la route qui mène au Foyer.

Les lampes extérieures de la terrasse s'allument. En robe de chambre, une grande dame grisonnante paraît, un rien solennelle : la directrice du FAR. Les pompiers se sont arrêtés au pied de l'escalier. Ils saluent.

Leur venue, la présence du car, la directrice comprend.

– Le feu ?

– Oui, madame, mais ne vous affolez pas, il n'y a aucun danger immédiat. L'incendie a démarré sur le plateau, il progresse très lentement. Il n'y a pas de vent, c'est une chance !

– Nous devons quand même évacuer les bâtiments ?

– Par mesure de sécurité, s'il vous plaît, répond le pompier ; la mairie vous a envoyé le car de ramassage scolaire, tout a été organisé pour vous héberger au gymnase. Ne faites emporter que le strict nécessaire, n'est-ce pas ?

– Nous avons l'habitude... Hélas ! soupire la directrice ; le feu est d'origine criminelle ?

– Je ne sais pas, madame, mais cela ne m'étonnerait pas, nos observateurs ont compté plus de vingt départs différents le long de la montagne. Vous voulez que nous restions pour vous aider ?

– C'est gentil, mais ce n'est pas la peine, nous avons l'habitude ! répète la directrice ; vous serez plus utiles ailleurs, messieurs, j'en suis sûre. Nous nous préparons. C'est Octave qui conduit le car ?

– Je crois, oui.

– Dites-lui de ne pas s'impatienter, nous arrivons...

Nouveau salut des pompiers, qui remontent dans leur fourgonnette et s'en vont, pied au plancher. Le petit autocar a fini son demi-tour et attend, toutes portes ouvertes, moteur au ralenti.

Sur la terrasse, la directrice organise l'évacuation du castel. En dépit de ses allures mondaines, c'est une femme énergique qui sait se faire obéir. Éducateurs et éducatrices (six en tout, trois de chaque) vont s'habiller à tour de rôle. Les pensionnaires qui ne s'étaient pas réveillés le sont par leurs camarades. On crie, on se bouscule, un début de chahut est vite arrêté par Bernard, le premier adulte à être revenu vêtu. Le foyer se vide peu à peu, sans précipitation, avec ordre et méthode. Filles et garçons se rassemblent près du car.

Tous lèvent le nez vers le ciel.

D'orangé, il devient jaune pâle, en longues traînées lumineuses. Des gros nuages de fumée plus noire que la nuit moutonnent et masquent les étoiles.

– Ça crame sur la garrigue !

– Tu te rappelles, l'été passé ? Trois fois qu'ils nous ont fait évacuer au village !

À l'écart, Mamoud regarde aussi les lueurs de l'incendie.

Inquiet. Plus qu'il ne le voudrait. Christophe n'est pas parti dans cette direction, il n'a aucune raison de monter sur le plateau, mais quand même : Mamoud commence à se faire du souci. Se tait néanmoins. Il n'est pas un mouchard. Il se demande toutefois s'il ne devrait pas en être un, vu les circonstances.

La directrice réapparaît en survêtement, toujours aussi digne, une mallette à la main. Elle y a rangé les principales archives du FAR, les papiers d'identité des pensionnaires et la cassette où est gardé l'argent liquide pour les dépenses courantes.

Le dernier éducateur sort du castel et vient se pencher à la rambarde de la terrasse.

– Plus personne dans les dortoirs, madame.

– Merci, Gérard.

La directrice se tourne vers ses troupes.

– Thierry, Florence, Janine, Bernard, Geneviève, vous connaissez les consignes ? Comptez votre petit monde avant d'embarquer avec Octave !

Les enfants se mettent en rang. Sont comptés. La dénommée Florence, une rousse sportive, fait la grimace.

– Il en manque un. Je recompte... Janine, recommence aussi, en partant de l'autre bout... Arrêtez de bouger, vous autres !

Les enfants sont recomptés. Soigneusement.

Les éducatrices se retrouvent à la porte du car.

– Il m'en manque toujours un ! râle la rousse.

– Moi aussi ! fait Janine en écho.

– Un problème, Florence ? s'inquiète la directrice.

– Oui, madame, il manque un pensionnaire... Gérard ! Tu es sûr qu'il ne reste personne dans la baraque ?

– Je refais une visite pour te rassurer !

Gérard disparaît de la terrasse. Ses collègues circulent entre les rangs, l'œil inquisiteur. Florence ne met pas longtemps à savoir qui est le manquant.

– Christophe, madame.

– Il est peut-être aux toilettes ?

– Gérard va nous le dire...

Il n'y est pas. L'éducateur a parcouru tout le castel : les locaux sont vides. Il a pensé aux toilettes.

La directrice regarde le ciel et se rembrunit.

– Il a bien choisi sa nuit, ce petit démon !

Florence dirait plutôt « ... ce petit con ! » mais le garde pour elle ; la directrice ne supporte pas les écarts de langage.

– Vous craignez une fugue, madame ?

– Si ce n'était que cela, les gendarmes nous le ramèneraient avant le déjeuner ! Non, je redoute le pire, Christophe n'est pas bien depuis quelque temps...

– Je l'avais remarqué.

– Sa grand-mère a été hospitalisée dernièrement. Les médecins ne veulent pas se prononcer, j'ai préféré ne rien lui dire pour ne pas l'inquiéter inutilement... J'ai bien peur d'avoir fait une bêtise, il a dû s'imaginer je ne sais quoi !

– S'il n'a pas fugué, je ne vois pas...

– Il peut se cacher pour ruminer sa peine, ou simplement vouloir nous faire enrager en ne se montrant pas... Dieu sait où il est ! insiste la directrice.

– S'il se cache pour nous faire tourner en bourrique, nous allons vite le savoir ! affirme Florence.

– Comment cela ?

– Faites monter tout le monde dans le car, je m'en occupe... Mamoud !

L'interpellé s'y attendait tellement qu'il sursaute à peine. Fait celui qui n'a pas entendu et se range sagement dans la file qui se forme à la porte avant de l'autocar.

Florence marche jusqu'à lui, le prend par la manche, l'entraîne au milieu de la cour.

– Mamoud, tu sais où est Christophe ?

– Heu... non !

Mamoud est un gros menteur qui n'a qu'un seul défaut : il ment très mal.

Florence le regarde droit dans les yeux.

– Je suis très sérieuse, Mamoud ! Tu es son meilleur ami, vous êtes toujours fourrés ensemble, alors si quelqu'un sait quelque chose, c'est toi !

– Je sais pas...

– Si Christophe est juste parti faire un tour parce qu'il est malheureux, dis-le-moi. Si c'est plus grave, dis-le-moi aussi !

– Je sais pas, bisse Mamoud.

Florence puise dans ses réserves de patience. Elles ne sont pas illimitées.

– Il n'est pas question de le punir, tu comprends ? S'il est en balade dans les bois, il est en danger...!

– Je sais pas ! se bute Mamoud.

– Bougre d'entêté, il y a le feu sur la garrigue, tu as entendu les pompiers ? Si le vent se lève, c'est toute la forêt qui risque de flamber !

– Je... Il... Il est parti !

Mamoud est au bord des larmes. Il est bien un mouchard, après tout. Et cela le soulage contre son gré.

– Ça veut dire quoi, parti ?

– Voir sa grand-mère... sur la côte... Il m'a dit...

Florence préfère ça. C'est bel et bien une fugue. Une situation qu'elle peut affronter.

– Il t'a dit aussi comment il comptait y aller, sur la côte ? En train ? En stop ?

– Il aime pas vraiment les voitures, Christophe, vous savez... murmure Mamoud.

– Je sais ! Il ne peut pas prendre les autocars régionaux, tous les chauffeurs vous connaissent, ils s'étonneront de sa présence à leur bord, réfléchit Florence ; il a dû aller à la gare... Là, il peut passer inaperçu. Qu'est-ce que tu en penses ?

Mamoud retrouve un semblant d'assurance.

– Avec sa tête, il a ses chances !

– Qu'est-ce que tu veux dire ?

– Ben... Christophe, il a pas une tête d'arabe !

Florence hausse les épaules.

– Toi non plus, Mamoud. Tu as juste une tête de mioche, comme tous ici... Une tête de pioche, oui ! Il était comment, quand tu l'as vu s'en aller ?

– Ben... Décidé !

– Je veux dire, il avait une valise ? Un sac ?

– Sa banane. Il m'a dit qu'il emportait de quoi boire et manger pour la route.

Une inspiration subite traverse l'éducatrice.

– Il avait de l'argent sur lui ?

Mamoud verdit. Pique du nez sur ses chaussures.

– Me demandez pas ça... Je vous en supplie, ne me demandez pas ça !

L'inspiration était bonne. Florence n'en tire aucune vanité. Elle devient grave.

– Va rejoindre les autres, Mamoud...

L'éducatrice va parler bas à l'oreille de la directrice qui supervise la montée dans le car.

La directrice devient grave à son tour. Presse soudain sa mallette contre elle. La mallette qui renferme tout l'argent liquide du FAR. Florence hoche la tête, affirmative.

– Vérifiez, madame. Au point où nous en sommes...

Mamoud grimpe sur le marchepied du car. Son regard se détourne de la directrice qui s'est reculée pour fouiller dans sa mallette. Florence lui sourit, d'un air de dire « tout va bien, mec, ne t'inquiète pas ».

Une feuille sèche volette de la terrasse dans la cour. Une légère brise souffle sur le castel et brasse la chaleur de la nuit.

Mamoud pâlit.

– Le vent... Le vent !

– Quoi, le vent ? fait distraitement Florence.

Mamoud saute du marchepied. Se précipite dans les bras de l'éducatrice interloquée.

– Christophe n'ira pas à la gare, ni ailleurs... Il est parti à pied, dans la forêt ! J'en suis sûr, je l'ai vu s'éloigner par là !

Les bras de Florence se couvrent de chair de poule. Elle lève les yeux au ciel.

Le jaune et l'orangé, la fumée, tout s'est déplacé. Pas beaucoup, mais un peu. Le feu doit avoir atteint les limites de la garrigue ; il est au bord du plateau. À portée de la cime des arbres de la forêt qui couvre le versant jusque dans la vallée.

La forêt.

La feuille sèche décolle. Va se reposer quelques mètres plus loin. La brise forcit.

Florence blêmit.

Nom de Dieu...

4

Christophe a soif.

Il a couru à perdre haleine, au petit bonheur, zigzaguant entre les arbres. Sans se retourner.

Il s'est enfoncé volontairement dans la partie la plus sombre de la forêt, où les arbres foisonnent et le feuillage est le plus épais. Autant pour se dissimuler que pour gêner la course d'éventuels poursuivants.

Il ne s'est arrêté que quand le souffle lui a manqué. A repris sa respiration en vérifiant que les hommes ne s'étaient pas lancés à ses trousses.

Il se cache derrière un tronc. Écoute.

Le silence, toujours aussi inhabituel. À peine troublé par un vent timide caressant les branchages. Pas de cris, pas de course lourde piétinant le sous-bois ; les hommes ne l'ont pas suivi.

Christophe se laisse tomber à terre, le dos calé contre le tronc. Les battements de son cœur retrouvent un rythme plus calme. Il respire moins haché, mais une soif grandissante lui empâte la bouche. Il jure à voix basse : la gourde est dans la banane que le maigre a gardée. La gourde et le reste.

Le voyage s'annonce pénible.

Une pensée insidieuse se met à le tourmenter : il est encore temps pour lui de faire machine arrière. Revenir au castel, gagner discrètement son dortoir, se recoucher ni vu ni connu, tout le monde dort ; personne ne saura qu'il est parti et revenu. Mamoud posera des questions, se moquera peut-être de lui... Ça, Christophe peut l'assumer.

Mais pas l'échec de son entreprise. Quoi, il flancherait à la première difficulté rencontrée ? Céderait à la panique ? Tout ça parce qu'il a eu peur de deux braconniers et perdu une tablette de chocolat ?

Et comment rendre l'argent, soit dit en passant ? Bonne idée de l'avoir caché dans son slip, mauvaise de l'avoir volé – et un sacré motif pour ne pas revenir en arrière.

Christophe se relève. Repart droit devant lui.

Malgré l'heure tardive, il fait chaud dans le sous-bois. De plus en plus chaud. Christophe transpire.

Il révise mentalement son itinéraire.

Il a bonne mémoire. Pas besoin de boussole, il sait où il est. À peu près.

Il doit progresser à flanc de coteau sans trop s'engager dans la pente, sinon il se retrouvera très vite au fond de la vallée, sur la route du village. Il lui faut rester à couvert des bois et marcher en suivant une diagonale descendante légèrement parallèle au dévers. Cela le mènera sur un chemin de grande randonnée, un GR marqué de deux traits rouge et blanc, qui doit lui permettre de rejoindre la plaine en évitant de passer par des lieux habités.

Enfin, c'est ce qu'il a retenu.

Christophe fait la moue. Il pense donc savoir où il est (à peu près), mais il a quitté plus tôt que prévu le sentier muletier, et sa fuite éperdue a dû l'écarter de son trajet : il risque de ne pas trouver le chemin de randonnée là où il s'attend à le croiser. Pas de quoi s'inquiéter, après tout : tant qu'il avance comme il le fait, il croisera le GR à un moment ou à un autre.

S'il ne le croise pas, il finira bien par sortir de la forêt quelque part, *grosso modo* dans la bonne direction. Là, il improvisera.

Au besoin, il attendra qu'il fasse jour pour s'orienter.

Christophe va lentement.

La forêt est sombre, touffue ; la vision y est réduite. Quand il regarde en l'air, il ne voit qu'une voûte de feuillage noir.

Quand il rebaisse les yeux, il aperçoit deux points brillants qui trouent la nuit à trente pas de lui.

Il s'arrête. Son cœur s'emballe à nouveau. Son esprit se met à galoper.

Loup. Lynx. Lion. Tigre. Ours. Panthère – il s'arrête avant requin et dragon.

Les points brillants ne bougent pas.

À bien regarder, ils sont trop écartés l'un de l'autre pour être les yeux d'une bête quelconque, à moins que ce ne soit un tyrannosaure enterré jusqu'au cou, ou deux bêtes différentes mais borgnes – n'importe quoi ! Il a trop d'imagination. Il rit. Pour se donner du courage.

Il avance. Prudent. Très prudent.

Les points brillants sont des flammes. Petites. Comme suspendues dans les airs, une main au-dessus du sol.

Vues de près, elles dispensent des halos jaunâtres, éclairant les bois dans une zone de la dimension approximative d'un demi-terrain de volley. Vues d'encore plus près, ce sont des bougies.

Christophe ouvre des yeux ronds. Cherche instinctivement les campeurs à proximité des lumières. Au mieux, un dormeur dans un sac de couchage, une brassée de fougères en guise d'oreiller.

Mais il n'y a personne alentour.

Christophe s'approche.

Les bougies sont distantes d'une paire de mètres. De la taille d'un petit doigt, elles ne lévitent pas, mais sont plantées chacune dans une grosse éponge brune qui se confond avec le tapis végétal du sous-bois. Deux grosses éponges brunes comme celles qu'on utilise pour lessiver le carrelage au manoir.

Et qui dégagent cette odeur que Christophe identifie enfin : une odeur d'essence.

Pas des braconniers ni des maraudeurs. Des pyromanes.

Des cinglés qui aiment jouer avec le feu ou des crapules qui défrichent à bon compte. Il en a entendu parler : ces affaires reviennent chaque été dans l'actualité.

Dans sa tête, c'est la peur qui revient. Si le gros et le maigre sont des crapules, il est devenu un témoin gênant. De là à devenir un témoin à éliminer...

Christophe se sent devenir tout pâle. Les données de l'aventure viennent de changer du tout au tout.

Il faut raisonner.

Raisonnons : les deux hommes supposaient (à raison) qu'il fuguait du Foyer ; ils ont hérité de ses provisions dans la bagarre ; ils ne l'ont pas poursuivi ; tout indique que ce sont des criminels et qu'ils savent que quelqu'un peut les identifier – alors ?

Christophe réfléchit à toute allure.

Alors : ils doivent se dire que, sans plus rien à manger ni à boire, inquiet de les avoir rencontrés, le fugueur ne peut que revenir d'où il est parti, et ils l'attendent quelque part sur le chemin du retour, embusqués. Peut-être même ne sont-ils pas seuls dans la forêt ; en ce moment même, des complices allument d'autres boutefeux...

Christophe se renfrogne.

Revenir sur ses pas égale danger. Continuer égale danger aussi, mais moindre : un gibier averti en vaut deux. Trois. Plus, s'il le faut.

Mieux vaut poursuivre sa route en sachant qu'il devra se méfier plutôt que de retourner au manoir pour tomber dans un piège qu'il devinera trop tard.

Christophe repart.

Mais avant, mouche les bougies. Le pouce et l'index mouillés de salive, pincer la mèche, le tour est joué.

Il est incapable d'évaluer le temps qu'auraient mis les éponges gorgées d'essence à s'enflammer, mais l'estime assez long. Les pyromanes ont semé des brûlots un peu partout, c'est certain, et ça l'arrange : l'incendie de la forêt va occuper les pompiers, mais aussi les gendarmes...

Sa fuite passera au second plan. Il sera sur la côte avant même qu'on ne s'intéresse à son sort.

Cela s'appelle avoir de la chance dans son malheur.

Christophe ne se fait pas de souci à propos du feu, il sera sorti des bois avant qu'il ne se déclare.

Croit-il.

Au-dessus de lui, caché par l'épaisseur de la voûte de feuillage, le ciel a viré au rouge flamboyant.

5

La Méhari tout-terrain danse sur ses amortisseurs. Au volant, Florence joue de l'embrayage pour ne pas caler.

Le chemin de terre grimpe raide dans la pente, vers la lisière de la forêt. Il se termine en cul-de-sac dans une clairière en replat, devant les premiers arbres. Il est utilisé en temps normal par les bûcherons et les gardes-champêtres.

Et les pompiers, en temps anormal. Comme aujourd'hui.

À l'embranchement de la route du village, une camionnette de gendarmerie interdisait la montée – on ne passe pas, ce n'est pas le moment de gêner les secours, ma p'tite dame !

La p'tite dame a plaidé sa cause auprès des gendarmes de faction avec tant de conviction qu'ils en ont référé par radio à leurs supérieurs, déjà en place à la clairière avec les pompiers. Ordre a été donné de laisser passer l'éducatrice.

Florence a réglé sa transmission sur quatre roues motrices et s'est lancée à l'assaut du chemin cahoteux.

Les énormes pneus des autopompes ont écrasé les anciennes ornières creusées par les tracteurs des coupeurs de bois, de hauts sillons de boue mêlée de pierres, durcis par le gel durant l'hiver, à présent desséchés, craquelés par la canicule. Les camions ont créé de nouvelles traces friables entre lesquelles tangue la Méhari poussive. Le vent, sans être violent, soulève néanmoins des nuages de poussière qui gênent la conductrice.

Elle rétrograde. La voiture chasse de l'arrière dans la caillasse. Les roues patinent, mais finissent par mordre.

Florence accélère. Se cramponne au volant. Il faut faire vite : Christophe court un danger mortel, et l'ignore.

L'éducatrice ne pouvait rester sans rien faire. Elle avait exposé son idée à la directrice du Foyer.

D'abord réticente, celle-ci l'avait finalement laissée partir. L'évacuation du castel s'est achevée comme Florence fonçait (en Méhari 4 × 4, c'est pas Monza) sur le bitume jusqu'à l'embranchement du chemin forestier.

La clairière.

Du monde, des véhicules, des hommes, de l'agitation, mais disciplinée. Les hommes se partagent entre gendarmes en uniforme et pompiers engoncés dans leurs tenues ignifuges, le casque sur la tête ; la brigade du village au complet, plus quelques volontaires des communes avoisinantes. Deux infirmiers attendent à l'écart, près d'une ambulance.

Florence freine, va se garer derrière. Descend de sa voiture. L'un des infirmiers s'esclaffe.

– Une rouquine ici ? C'est de la provocation ! Mettez un bonnet de bain, ou vous allez propager le feu !

La rousse hausse vaguement les épaules, sourit à peine ; son sens de l'humour est aux abonnés absents. Elle remarque alors l'étrange clarté qui baigne l'endroit. Regarde vers le sommet de la colline. Au-dessus des arbres, le ciel rougeoie et palpite.

La nuit gronde et vibre de chaleur.

– Mademoiselle !

L'appel la tire de sa stupeur. Le gendarme qui l'a hélée s'est détaché d'un groupe d'hommes rassemblés autour d'une table de camping pliante, installée devant une autopompe aux tuyaux déroulés. Si le chemin est carrossable jusqu'à la clairière, il est ensuite prolongé par une piste pédestre, dont une barrière cadenassée défend l'accès.

La barrière est levée ; la plupart des tuyaux sont tirés sur la piste.

Florence se dirige vers le groupe. Elle connaît certains pompiers de vue, mais pas le gradé de gendarmerie qui l'accueille sans courtoisie excessive. Elle se présente, il fait de même.

– Florence Harcourt.

– Colonel Houssin.

– Je suis éducatrice au FAR, et je...

– Parlons peu, parlons bien ! la coupe l'officier ; c'est donc de votre institution que s'est évadé un pensionnaire, si j'ai bien compris ce qu'on m'a raconté à la radio ?

– Évadé n'est pas le mot, colonel, le FAR n'est pas une prison ! réplique Florence, piquée au vif ; nous avons tout lieu de croire que l'un de nos garçons a fait une fugue cette nuit, et...

– Il l'a bien choisie !

Houssin montre le ciel embrasé.

– Tout le plateau est la proie des flammes, mademoiselle, il ne restera rien de la garrigue, et le feu menace le haut de cette forêt... Après la forêt, la vallée !

– Justement ! C'est...

– Vous comprendrez qu'il n'est pas question que je distraie un seul de mes hommes pour courir après votre fuyard, n'est-ce pas ? Quel âge a-t-il ? ajoute Houssin, comme si sa précédente question ne souffrait pas de réponse.

– Treize ans, mais...

– Un grand, alors ? J'aime mieux ça ! Si c'est vraiment une fugue, il sait où il va... Nous allons avertir la gare, les collègues en patrouille sur les routes, on va le retrouver dans les heures qui viennent, ne vous bilez pas !

– Colonel, il...

– Sinon, on s'y mettra sérieusement dès demain matin quand nous en aurons terminé avec cet incendie, et...

– Mais laissez-moi finir mes phrases, merde !

L'officier avale sa salive de travers. L'éducatrice profite de son avantage.

– Un de ses camarades affirme qu'il est parti à travers les bois, colonel ! Dans la forêt... Il faut vous faire un dessin ?!

Un affreux silence s'abat autour de l'autopompe.

Une voix monocorde égrène une litanie de chiffres dans le haut-parleur d'un talkie-walkie. Invisible, un hélicoptère fait entendre le vrombissement de son rotor dans le lointain.

Houssin se tourne vers ses subordonnés.

– Une carte ! Vite !

Elle est aussitôt étalée sur la table de camping. Un gendarme fait de la lumière. Florence pointe un petit carré sur la carte d'état-major.

– Voici le castel. D'après ce que nous savons, Chris... notre pensionnaire a dû partir dans cette direction.

Tous se penchent sur la carte. Pliée, elle ne va pas jusqu'à la mer. Florence mesure quand même l'énormité du secteur où peut se trouver Christophe. L'officier de gendarmerie aussi : il fronce les sourcils.

Il ne connaît pas bien la région ; il y a été muté depuis peu.

– Ces pointillés ? demande-t-il.

– Des sentiers, mon colonel, répond un gendarme ; tout un réseau quadrille les bois. Ce pointillé double est un GR, mais il est surtout fréquenté en automne et au printemps.

– Ce gros trait noir ?

– La combe Mazel, mon colonel. C'est le lit d'un torrent qui prend sa source sur le plateau. Il est à sec, en cette saison.

Le doigt de Houssin suit le gros trait noir. Vient buter contre la pliure de la carte. Va pour retourner celle-ci quand il est interrompu par le capitaine des pompiers, de retour des bois. Il est en nage, le visage maculé de traînées fuligineuses.

– Les nouvelles sont mauvaises, mon colonel, dit-il ; si le vent se lève, nous risquons d'être pris de vitesse par le feu...

Le capitaine aperçoit l'éducatrice.

– Que fait ici cette demoiselle ? Une rousse, c'est de la...

– ... provocation, je sais ! soupire Florence.

Elle lui résume rapidement l'histoire. Houssin complète les explications avec la carte.

Le pompier se retourne vers la colline, la forêt sombre et le ciel flamboyant. Son visage las se creuse un peu plus.

– Un môme en vadrouille là-dedans ? Eh bien, on n'est pas dans la merde, mon colonel !

– Je vous dispense de ce genre de réflexion, capitaine ! grogne Houssin ; si le feu gagne la forêt sans que vous puissiez le stopper, quelles sont les chances du gamin, s'il est bien là où nous pensons qu'il se trouve ?

Le capitaine fait la grimace. N'ose pas regarder Florence.

– Zéro !

Les larmes montent aux yeux de l'éducatrice.

– Je suis désolé, mademoiselle, reprend le pompier ; l'été est sec, il n'a pas plu depuis des semaines, cette forêt est un vrai tas de paille qui n'attend qu'une allumette...

– Alors, il faut aller chercher Christophe ! déclare Florence, déterminée.

Le capitaine secoue la tête, contrit.

– Si la forêt brûle, ce sera l'enfer, personne ne tiendra une minute dans la fournaise, pas même un spécialiste en combinaison amiante avec respirateur...

– Nous ne pouvons mettre toute la vallée en péril par la faute d'un gamin, c'est tout ! tranche Houssin ; je regrette, mademoiselle... Capitaine ?

– Mon colonel ?

– Vos cracheurs sont en route ?

– L'hélico de la sécurité civile les a repérés au radar à moins d'un quart d'heure du site.

– C'est long...

Le capitaine n'en pense pas moins.

Les cracheurs, ce sont ses hélicoptères à lui, des appareils légers conçus à l'origine pour l'épandage des insecticides sur les cultures, et qui ont été modifiés pour larguer le mélange eau-produits stop-feu destiné à freiner la progression d'un incendie. Pas l'éteindre. Pour cela, en plus des forces déployées au sol, le capitaine devra faire appel aux Canadair.

Les avions bombardiers d'eau sont encore à leur base, prêts à décoller. Ne le feront que si la situation s'aggrave, leur prix d'heure de vol vaut bien quelques hectares de garrigue partis en fumée. Mais pas une forêt tout entière et une dizaine de villages directement menacés.

Comme toujours, c'est une question d'argent. Sordide, mais réelle.

– Alors, vous ne ferez rien ? murmure Florence, consternée.

– Nous allons faire ce que nous pouvons ! rétorque Houssin ; j'ai mes hommes dans les bois, le capitaine y a les siens, nous allons les prévenir par radio, et s'ils...

Une brusque rafale de vent fait s'envoler la carte.

Avec un bel ensemble, gendarmes et pompiers (Florence à retardement) lèvent les yeux au ciel vers le sommet de la colline.

La nuit rouge s'éclaircit d'orange et de jaune vifs au-dessus des arbres.

Le talkie-walkie du capitaine grésille. Il le porte à son oreille.

– Le vent a tourné sur le plateau, mon colonel, dit le pompier ; ce n'est pas pour nous... Pas encore !

Florence contemple le flamboiement du ciel. La directrice du FAR a estimé la somme dérobée dans sa cassette à plus de mille francs. C'est beaucoup, pour un fugueur ; assez pour le dissuader de revenir, par peur d'être sévèrement puni. Le pousser à fuir toujours plus avant, au mépris de tous les dangers.

– Mon colonel !

Une voix forte, venant de la barrière levée. Houssin se porte à la rencontre d'un trio de gendarmes poussant devant eux deux hommes, menottes aux poignets.

Un gros et un maigre.

Les gendarmes portent des sacs de sport modèle polochon.

– Qu'est-ce que c'est que ces oiseaux-là !? rugit Houssin.

6

Quelque chose cloche.

Plusieurs choses, en fait.

D'abord, Christophe est un peu perdu. Il n'a pas trouvé le chemin de randonnée. Il a bien coupé la trace de cinq ou six sentiers ; aucun n'était marqué de rouge et blanc. Se croyant trop haut dans la pente, il est descendu.

Maintenant, il remonte, estimant être allé trop bas.

Il lui semble bien qu'en remontant il revient sur ses pas. Qu'il perd donc du temps. Voire qu'il tourne en rond. De rage, il oblique et prend une nouvelle tangente au flanc de la colline boisée.

La soif lui gonfle la langue. Il est fatigué. Il commence à avoir faim.

Et surtout, il fait de plus en plus chaud.

Ce n'est pas normal. Plus la nuit avance, plus la température augmente, et ce n'est pas la touffeur moite qui annonce en règle générale un orage.

Christophe est moyen élève en sciences, mais assez calé pour comprendre que le phénomène n'a rien de naturel.

Ça, c'est ce qui cloche vraiment.

Il repense aux éponges brunes décorées de bougies, dispersées dans les bois. Un désarroi teinté de colère le secoue. Il s'est trompé : il n'est pas sorti de la forêt avant qu'un de ces satanés brûlots ne déclenche un début d'incendie. C'est la seule explication à l'augmentation aberrante de la chaleur.

Il y a le feu quelque part.

La chose établie dans son esprit, ses narines reniflent une odeur de fumée. Ténue, mais présente. En écoutant bien, il croit percevoir des craquements, des ronflements sourds, et ce qui ressemble à un moteur de tondeuse à gazon, en l'air, mais très loin, comme le reste.

Christophe s'arrête. S'appuie contre un arbre. Il se sent petit, petit, petit...

Au-dessus de lui, le feuillage est toujours aussi obscur et impénétrable. Le sous-bois est noyé d'ombre ; à peine s'il distingue une fougère d'une touffe d'ajoncs, une souche d'un tronc.

Ne pas paniquer.

Où aller ? Sur la côte voir Mémé – oui, je sais ! J'y vais ! Mais par où ?

La route du retour est plus que jamais coupée : les pyromanes ont réussi leur coup ; le destin du témoin indésirable est scellé s'ils le retrouvent.

Descendre ? Christophe hésite. Pas longtemps. S'il y a le feu, la route du village doit grouiller de pompiers et de véhicules, dont ceux des gendarmes – ne pas descendre. Dans son slip, la pochette à trésor lui démange soudain la peau.

Droit devant ? Tentant. Il reste dans la bonne direction.

Mais aussi à couvert des bois : c'était sa meilleure protection ; à présent que la forêt brûle, c'est dangereux.

Alors, il faut monter.

Christophe fait claquer ses doigts. C'est cela, il faut monter dans la pente, gagner le plateau et continuer son périple à travers la garrigue en longeant la forêt. Il sera à l'abri du feu, il pourra suivre ses progrès en contrebas, tout en restant hors de portée. Au besoin, il peut se réfugier dans la montagne, en toute dernière extrémité ; les rochers ne brûlent pas.

Il monte.

Christophe grimpe d'un pas soutenu.

L'odeur de fumée se fait plus présente. Elle lui ramone les sinus et le fait pleurer, pas à grosses larmes, juste un filet d'eau salée sur ses joues. Il doit se rendre compte que plus il monte, plus la fumée âcre lui irrite les muqueuses.

Et il peut la voir.

Elle s'insinue dans le sous-bois en écharpes soyeuses qui se déroulent comme poussées par un vent coulis venant du sommet de la colline. Apportant non seulement les fumerolles, mais aussi une méchante odeur de brûlé et des bouffées de chaleur qui lui hérissent les cheveux.

Christophe prend pied en terrain plat. Y fait une pause. Regarde mieux, et comprend pourquoi il peut voir la fumée : elle se détache sur une zone lumineuse qu'il localise cent mètres en amont. Une tache de lumière, comme celle que les bougies dispensaient tout à l'heure.

Un autre boutefeu installé par les incendiaires.

Christophe va pour se ruer en avant, courir l'éteindre, mais se ravise : si la mèche enflammait l'éponge pleine d'essence avant qu'il ne l'atteigne ?

Ses yeux s'accoutument à la pénombre différente. Il voit alors que le plat sur lequel il se tient est un sentier parallèle à la pente. On ne doit pas y circuler souvent : son empreinte irrégulière est à peine esquissée dans la végétation.

Christophe décide de le suivre. Les bougies là-bas, la fumée et la chaleur qui descendent de la colline : le feu allumé par les faux braconniers est devant lui. Il faut le contourner ; suivre ce sentier, puis bifurquer vers le plateau quand la fumée se fera moins dense.

Il n'a pas fait cinquante pas qu'il tombe sur une grosse pierre affleurant la terre sèche, au bord du sentier. Deux traits superposés la barrent.

Rouge et blanc.

Le cœur de Christophe bondit dans sa cage thoracique. Le GR. Enfin. Il se met à courir. La joie lui donne des ailes. La joie d'avoir raison : une centaine de mètres plus loin, la fumée se fait rare, il fait plus frais ; il pourra bientôt grimper vers les hauteurs.

Derrière lui, la zone lumineuse n'est plus. À sa place, un buisson de flammes s'épanouit. Une langue de feu file dans le sous-bois le long de la pente, comme la ligne d'impacts d'une mitrailleuse d'avion de chasse.

Elle traverse le GR et continue.

7

« La météo, mon capitaine. »

– Merci.

Le pompier parcourt la dépêche. Crache par terre avec colère à la fin de sa lecture.

Ses hommes fatigués sourient. Ils connaissent ses sautes d'humeur et ne s'en formalisent pas. Au feu, leur chef est champion.

– Il va pleuvoir, mon capitaine ?

– Prenez votre hache, mettez les peintures de guerre, plantez-vous une plume dans le cul et dansez, c'est notre seule chance !

Les hommes rient. Ça soulage. Ils sont une poignée, venus se reposer pendant qu'une escouade de renforts est partie en relève par la piste forestière.

Le capitaine brandit le bulletin météo.

– Les gars, la grenouille annonce beau fixe jusqu'à la saint-glinglin, et un avis de tempête en cours au large avec rafales côtières en formation... On peut s'attendre à en avoir des séquelles par chez nous, si vous voyez ce que je veux dire ?

Les pompiers opinent, mécontents.

Imprévisible, capricieux, pouvant souffler l'incendie sous le jet des lances à eau comme le rabattre en retours de flammes meurtriers sur les hommes pris au piège, le vent est le pire ami du feu – leur pire ennemi à eux.

L'hélicoptère de la sécurité civile vrombit à la verticale de la clairière et s'éloigne en prenant de la hauteur. Les appareils cracheurs viennent de faire un passage sur le plateau, déversant leurs produits miracles au-dessus de la garrigue, devant la ligne de feu. Avec plus ou moins de précision. Les hélicoptères ont l'avantage de la maniabilité sur les Canadair, mais le déplacement d'air créé par leur rotor attise les flammes s'ils volent trop bas. Ils empirent le mal en venant le soigner.

Ils sont partis recharger leurs réservoirs.

Le bulletin météo agité en éventail, le capitaine regarde en direction des gendarmes.

– Ce n'est pas le moment d'aller taquiner le colonel avec les mauvaises nouvelles de la grenouille...

Houssin est livide. Devant lui, ses subordonnés ont vidé le contenu des sacs-polochons : sont tombés pêle-mêle sur le sol des éponges de toutes tailles, des bougies de différentes longueurs, des mèches autoallumantes, des tablettes de combustible solide, des allumettes de sûreté, des briquets tous-temps, des flacons d'essence – la plupart vides.

Collés contre la carrosserie de l'autopompe, sous bonne garde, le gros et le maigre baissent la tête.

Un peu plus loin, Florence se tord les mains. Dans le bric-à-brac étalé par terre, elle vient de reconnaître le sac-banane de Christophe.

Le colonel Houssin se plante devant les deux hommes.

– Pyromanes, hein ?

Il maîtrise sa hargne avec difficulté. Le gros et le maigre restent silencieux. Ils ont été pris en flagrant délit d'allumage de brûlots par le trio de gendarmes en patrouille. Le matériel déballé à leurs pieds ne plaide pas en leur faveur.

– Villard, dites au capitaine de venir par ici, dit Houssin ; Demaisons, Lebrun, approchez ces messieurs de la table !

Un gendarme prend le maigre au collet, un autre pousse le gros. Houssin leur montre la carte d'état-major de la colline et des environs. Pose un crayon gras dessus.

– Vous avez cinq minutes pour m'indiquer les emplacements de tous les engins que vous avez allumés dans ce secteur. Vous savez lire une carte, je suppose ?

Le capitaine des pompiers s'est approché. Il a vu les éponges, les flacons d'essence. Il fusille du regard les incendiaires. Dans la hiérarchie des ennemis, le pyromane vient à égalité avec le vent. Un peu devant, même.

Domptés, les deux hommes commencent à pointer des repères sur la carte. Inutile de nier l'évidence, mieux vaut coopérer pour adoucir leur sort. Ils ont déposé leurs premières éponges sur le plateau, avant de revenir à flanc de colline en décrivant un large arc de cercle. La carte se constelle de croix.

Le capitaine enregistre les positions des boutefeux

sans rien laisser paraître de ses sentiments. Ça lui coûte.

Florence s'est approchée de la table. Le colonel lui jette un coup d'œil en coin. Agacé. Elle lui adresse une supplique muette. Reçue 5 sur 5 – quand même.

– Dites voir, mes salauds, en faisant votre sale besogne, vous n'auriez pas rencontré quelqu'un ? dit Houssin ; treize ans, l'air de ne pas avoir la conscience tranquille ?

– Heu... Non, on n'a vu personne...

– Menteurs !

Florence a ramassé la banane dans les affaires des incendiaires. Elle la leur brandit sous le nez.

Le maigre se trouble. Sa gourmandise l'a perdu. Le gros se décompose ; sa mine dévastée est un aveu.

– Je crois me souvenir... Un môme, oui... Comme vous dites...

– Où ?! aboie l'officier.

Le gros pose son doigt sur la carte. Florence voit. Sent un grand vide se creuser dans son estomac.

Le talkie-walkie du capitaine fait diversion : le récepteur siffle, strident. Trois brèves, trois longues, trois brèves, une longue – SOS, plus un code prioritaire.

– Urgence absolue... Je n'aime pas ça, mon colonel ! grogne le pompier.

La réponse ne lui vient pas par radio, mais directement dans la figure : une bourrasque de vent s'engouffre dans la clairière.

Et il fait jour en pleine nuit.

Des flammes hautes, jaunes et claires, dansent au sommet de la colline. L'incendie a débordé du plateau, la lisière supérieure de la forêt flambe ; les arbres hérissant la ligne de crête se sont allumés comme des torches.

Le feu pousse déjà des ramifications dans la pente, comme un volcan recrachant son trop-plein de lave. Puis vient le bruit : les flammes rugissent, des troncs se fendent en craquant. Tout le versant de la colline gémit et crie sous la morsure du feu.

Houssin et le capitaine se regardent. Se comprennent. Le pompier appuie sur le bouton « émission » de sa radio portable.

– Les Canadair ! *Scramble** !

---

* *Décollage immédiat,* en termes d'aviation militaire.

Le colonel se tourne vers les incendiaires, les mâchoires contractées. Ses paroles tombent comme une sentence.

– Espèces d'assassins... Vous avez tué un gosse !

– On l'a pas touché ! se défend le maigre ; il nous a filé entre les pattes, parole !

– On voulait le retenir, je vous jure qu'on a tout fait pour le retenir ! renchérit le gros, affolé ; on n'a pas pu faire autrement que de le laisser partir !

Houssin cueille l'homme par le col de sa veste. Lui tourne de force la tête vers la colline.

D'un bout à l'autre de l'horizon, la nuit brûle.

– Regarde dans quoi tu l'as laissé partir, fumier, et ose me dire que tu ne l'as pas tué !

Le gros fléchit les genoux. Une loque. Le maigre refuse de regarder vers les lueurs de l'incendie. Houssin pousse son complice contre lui. Le lâche comme il lâcherait quelque chose de sale. Il montre la carte sur la table.

– Vous avez tout dit ?

Hochement de têtes affirmatif.

– Si vous en voulez encore, vous êtes gourmand ! bougonne le capitaine, comptant les croix sur la carte ; encore que, à présent, cela n'ait plus guère d'importance...

Florence se rapproche de l'officier de gendarmerie. Portée par le vent qui redouble de violence, la chaleur de l'incendie lui rôtit l'épiderme. À cette distance... Elle n'ose imaginer la température qu'il doit faire au cœur du brasier.

– Colonel, c'est...

– C'est pas le moment ! jette Houssin ; nous sommes en alerte maximum, ça se voit, non ?! S'il est bon marcheur, votre fugueur a déjà dû quitter la zone dangereuse, sinon...

Au sommet de la colline, un grand arbre s'effondre en soulevant une gerbe de flammes étincelantes.

Le colonel ne fait aucun commentaire.

Muette, Florence recule derrière l'autopompe. Elle vient se cogner contre le tranchant de la portière ouverte d'une Jeep bâchée. Sur la banquette, une cantine métallique au couvercle relevé attire son regard. À l'intérieur, des accus de rechange pour les talkies-walkies, une trousse de pansements, une paire de jumelles puissantes, un pistolet lance-fusées et des cartouches de toutes les couleurs.

L'éducatrice fixe le pistolet comme un parieur une grille de loto à six bons numéros cochés (plus le complémentaire).

Le branle-bas de combat se poursuit dans la clairière.

Les hommes de repos ont déjà recoiffé leur casque, vérifié les attaches des masques à gaz, et attendent les ordres. Toutes les citernes roulantes dévident du tuyau au kilomètre. À la radio, les informations alarmantes se succèdent. Les pompiers se les transmettent de bouche à oreille, sans cesser de travailler. Ils laissent échapper des jurons sonores. Décochent des regards sanguinaires en direction des pyromanes.

Le gros et le maigre se font tout petits derrière leurs gardiens. Le colonel Houssin interpelle les gendarmes.

– Lebrun ! Demaisons ! Ramenez ces deux ordures au village et collez-les-moi en cellule, ou ils vont se faire lyncher !

Les gendarmes obtempèrent.

Houssin et le capitaine des pompiers se replongent dans leur étude de la carte d'état-major.

– Oublions ces maudites croix ! Vous voyez les choses comment, capitaine ?

– Les Canadair en *radada** sur la ligne de feu, mon colonel. Les cracheurs vont se concentrer en aval, dans la pente, il faut qu'ils ralentissent la progression des flammes le temps que les avions refassent le plein. En noyant les arbres intacts, ça peut marcher. On répète la manœuvre tant que ce sera nécessaire, en descendant le versant, palier par palier. À terre, mes gars complètent le boulot des hélicos en inondant les sous-bois, et ils s'occupent par la même occasion des foyers secondaires.

– Votre pronostic ?

– Pessimiste ! Au mieux nous perdons toute la colline mais nous sauvons la vallée, au pire le feu nous déborde et nous serons décorés... à titre posthume !

Houssin apprécie l'ironie du pompier à sa juste valeur : nulle. Mais avec des circonstances atténuantes. Il frappe du poing sur la carte.

– Nous y arriverons ! Vous y arriverez, je veux dire...

– Nous sommes dans la même galère, mon colonel, je me charge du feu et vous, faites seulement cra-

* *Voler en rase-mottes,* en argot d'aviation.

cher la vérité à ces deux salopards, qu'on sache pour qui ils travaillent… Ils n'ont pas la tête de paysans débroussaillant au kérosène pour économiser le salaire de quelques ouvriers agricoles !

– Comptez sur moi ! Dites, capitaine…

– Mon colonel ?

Houssin se racle la gorge, embarrassé.

– Ce gosse, dans la forêt… S'il y est toujours, je veux dire… Je pense aux Canadair…

– Il ne risque rien, les bombardiers ne lâchent leur cargaison que sur le feu, assure le pompier, et si votre gamin est là où est le feu… Vous m'avez compris ! Je m'excuse d'être brutal…

– Ne vous excusez pas. Mais les cracheurs ?

– Les hélicos vont balancer la purée hors feu, oui, mais je vous rassure, ces produits ne sont pas toxiques, et ils sont pulvérisés, ils ne pèsent rien… Le garçon en sera quitte pour une bonne douche !

– Je vais le dire à son éducatrice, je crois qu'elle en a besoin, murmure Houssin.

Florence n'est plus derrière lui. Pas auprès de l'autopompe, ni de la Jeep. Nulle part en vue sur la clairière. Houssin interroge tous ses gendarmes, les pompiers affairés près des citernes : personne n'a vu la rousse.

L'évidence réveille un vieil ulcère chez l'officier. Le capitaine des pompiers lui prend le bras comme il passe à sa hauteur.

– J'y pensais, mon colonel, il vaudrait mieux que cette demoiselle s'en aille...

– Elle est déjà partie !

Houssin montre la colline. Le feu s'y est ramifié comme une toile d'araignée mal tissée.

– Elle est allée chercher son pensionnaire, j'en ai peur !

Le pompier se gratte le crâne, soucieux.

– Un gamin et une jeune femme en vadrouille dans cet enfer ? On n'est pas dans la merde, mon colonel !

– Vous l'avez déjà dit... soupire Houssin.

8

La pente est raide. Christophe peine.

Il a bifurqué vers les hauteurs quand la fumée ne s'est plus fait sentir. Le GR l'a conduit dans la partie la plus escarpée de la colline. Le changement de paysage l'a surpris : rien ne l'indiquait sur les cartes consultées à la bibliothèque du Foyer – à moins qu'il n'ait pas su les lire correctement.

Christophe a quitté le chemin de randonnée avant que le relief du versant ne devienne trop accidenté.

Il fait un peu plus frais.

La bourrasque n'a balayé la forêt qu'en surface, fouettant la cime des arbres sans réussir à pénétrer les profondeurs du sous-bois. Tout juste y a-t-elle soufflé cette fraîcheur trompeuse qui abuse Christophe. Il se félicite de sa clairvoyance : faut bien monter vers la garrigue ; là est le salut.

Mais sa lenteur l'exaspère. Le terrain est difficile, il doit grimper en faisant des détours, qu'il s'efforce de serrer au plus près du dévers. Il trébuche sur des plaques de terre meuble, des pierres branlantes se dérobent sous ses baskets.

Il gagne un mètre ; il en perd deux. Il râle et s'entête. L'effort chasse la peur.

Faux pas. Christophe se sent tomber. Se rattrape à une touffe d'épineux. S'écorche les mains. Son pied ripe dans une taupinière. Il se cabre ; rétablit son équilibre d'un coup de reins.

Il grogne de dépit en reposant son pied par terre : sa cheville le fait souffrir. Il a dû se faire un début d'entorse. Il ne manquait plus que ça.

La douleur reste supportable. Pour le moment.

La poussière l'étouffe, la sueur lui poisse le corps, la soif le dévore, mais il repart, avec une énergie farouche.

Il atteint péniblement une sorte d'amas rocheux planté comme une île dans la pente. Bon signe : il approche du plateau. Ces blocs erratiques ont été arrachés à la montagne, drainés et charriés ici par la fonte des glaciers à la fin du quaternaire.

Il fait une pause pour reprendre haleine.

Un caillou dégringole dans les broussailles.

Des voix, devant lui. Le bruit d'hommes piétinant le sol, battant les buissons. Des lumières dansantes.

Christophe se tapit derrière un rocher.

Trop tard. Le faisceau baladeur d'une lampe électrique l'a épinglé un bref instant.

On l'a vu.

– Eh ! toi, là-bas !

Ils sont revenus. Lassés de l'attendre près du castel, ils ont décidé de se mettre à sa recherche. Pour lui régler son compte. Le gros et le maigre. Ou des complices.

Des complices : Christophe compte plus de deux hommes. Pas discrets, par bonheur. Il grimpait directement sur eux.

La peur revient lui mordre les entrailles. Sans hésiter, il se laisse glisser dans la pente, sur le ventre, à reculons, freinant sa descente des paumes et des talons. Sensation de se vautrer sur une gigantesque râpe à fromage.

La lampe éclaire le rocher où il n'est plus.

– Il était là, je te dis, j'ai pas rêvé...

– Reviens, petit ! Nous sommes là pour t'aider !

Ben voyons. Christophe serre les dents et continue sa glissade douloureuse. Quand il s'estime hors de vue, il se redresse, le ventre cuisant.

Il faut qu'il revienne sur le chemin de randonnée ; là, il sera à son aise pour courir et se perdre dans la nuit.

Il va aussi vite qu'il peut : il doit atteindre le GR avec une certaine avance sur ses poursuivants. Au plat, il n'a aucune chance de distancer des adultes. Question d'âge et de force musculaire, même si les faux braconniers ne sont plus de la première jeunesse. Leurs complices le sont peut-être, eux.

Ça marche. Les voix criantes se font plus distantes. Les faisceaux des lampes faiblissent.

Christophe arrive sur le chemin. Ses habits sont en lambeaux, des écorchures saignent à ses genoux ; il ne les sent pas.

Il part au petit trot.

Il boite, et ça fait mal. On ne le suit pas. Il comprend trop tard pourquoi.

L'incendie a ouvert dans la forêt des tranchées d'arbres abattus, carbonisés : le vent s'y engouffre en rafales brutales qui dispersent des nuages de braises volantes dans le sous-bois. Là où Christophe a entendu les hommes, à proximité du rocher, des flammes crépitent.

Cela sent de nouveau le brûlé et la fumée. La chaleur sèche revient en vagues torrides. Le vent tourbillonnant brasse les odeurs, impossible de savoir d'où elles viennent ; impossible de savoir où est le feu.

Sauf en visuel.

Derrière lui. Des arbres flambent. Et sur les hauteurs de la colline qu'il peut voir, à présent. Un morceau d'horizon a été comme gommé du ciel par un rideau incandescent.

Il perçoit aussi des moteurs en altitude, nombreux, hélicoptères et avions.

C'est le grand jeu. Le feu est partout.

Christophe est aux abois. Ça ne cloche plus : ça sonne carrément le tocsin.

Il faut descendre, maintenant, tant pis pour les conséquences : sa peau vaut bien quelques billets de cent et les ricanements de Mamoud. Sacré Mamoud.

Descendre… Au mauvais endroit. Les lueurs de l'incendie révèlent par intermittence la pente abrupte, crevassée par endroits et pleine de pierriers instables qui multiplient les chances de chuter pendant leur traversée ; des arbres plantés serrés forment un labyrinthe de troncs où la progression ne peut qu'être laborieuse, lente.

Christophe souffre encore du peu d'ascension qu'il vient d'effectuer. Imagine ce que sera la descente à travers ce dédale semé d'embûches plus traîtresses les unes que les autres – hors de question, il va se casser une jambe, cette fois, et tout sera dit.

La route du plateau est fermée, la retraite également, la descente une gageure : alors droit devant. Le GR, coudes au corps, et advienne que pourra. La vitesse est sa seule chance.

Au sommet de la colline, le vent décapite les arbres les plus hauts, arrachant des branches enflammées qui s'envolent, virevoltent, planent en descendant le versant, pour venir embraser la forêt dans ses parties jusque-là épargnées par l'incendie.

Le feu aussi aime faire la course.

9

Florence rencontre les pompiers sur le chemin de randonnée.

Ils sont quatre, en tenue amiante, la bouteille d'air comprimé ballottant dans le dos, le masque respirateur relevé sur le front en heaume de chevalier.

Hagards, les yeux cernés de fatigue, couverts de cendres, et pas surpris de la voir.

Le plus jeune lui barre la route.

– On ne va pas plus loin, mademoiselle !

S'ils lui disent qu'une rouquine dans le coin, c'est de la provocation, elle les étrangle.

Le jeune pompier agite son talkie-walkie.

– Nous avons été prévenus, pour vous et pour

votre fugueur... Nous pensions ne voir ni l'une, ni l'autre !

– Vous l'avez vu, l'autre ?

– On vient de tomber dessus un peu plus haut...

Un fol espoir bouleverse l'éducatrice.

– ... là-bas où ça crame, voyez ? précise le pompier.

– Oh, non !

– Eh, vous évanouissez pas, le feu n'a pris qu'après son départ... Parce qu'il a filé sans demander son reste, l'animal !

Florence serre les poing. L'imbécile. Il ne s'est pas rendu compte qu'il avait affaire à des pompiers. Des amis venus le secourir. Il s'est imaginé que c'était les pyromanes, la police, ou dieu sait quoi. Il va mourir pour mille francs, trop de fierté et une dramatique méprise. Et un foutu manque de pot.

– Vous n'avez pas pu le rattraper ?

Un grand blond secoue sa veste argentée.

– Mademoiselle, nos équipements ne sont pas prévus pour la course à pied, surtout s'il s'agit de cavaler derrière quelqu'un qui n'a manifestement pas envie d'être rejoint !

– Où est-il allé ?

Les quatre pompiers haussent les épaules. Le plus jeune pointe le GR avec l'antenne de son émetteur.

– Le temps que nous arrivions, il avait disparu. S'il a de la jugeote, il doit galoper sur le chemin...

– Il n'a pas vraiment le choix, dit le grand blond ; il peut encore s'en sortir, vous savez, cette partie de la colline est toujours coupée des foyers principaux. Il y a bien quelques feux de-ci de-là, du spectaculaire, mais rien de sérieux, il peut passer au travers.

– Tout dépend du vent, ajoute un autre pompier, il varie souvent, mais sans changer complètement d'orientation. Ça ne va pas durer !

C'est bien ce qui tourmente Florence. Le quatrième pompier clôt le débat.

– Bon, on ne va pas discuter cent sept ans, on a du boulot, nous autres ! Germain, tu raccompagnes mademoiselle en bas...

– Inutile ! s'empresse de dire l'éducatrice ; j'ai... Je vous ai déjà causé beaucoup trop de tracas, je vais retourner toute seule, vous êtes tous indispensables ici !

– Je crois que...

– Ne vous inquiétez pas, je sais par où aller, j'en viens ! Ça ne brûle pas par là, je vous l'assure...

Elle s'excuse encore, remercie, et s'éloigne sur le chemin de randonnée, dans la direction d'où elle est venue.

Les pompiers n'insistent pas : ils ne sont pas trop de quatre pour garder le secteur sous contrôle. Ils remontent dans la pente, vers « là-bas où ça crame ».

Le plus jeune traîne en arrière, et fait son rapport à la radio. Il n'est pas très convaincu que lui et ses collègues aient bien agi en laissant la rousse repartir seule, et craint que son supérieur ne soit du même avis.

Florence attend qu'ils aient tous disparu derrière des fourrés pour revenir sur ses pas et se mettre à courir le long du GR, sur les traces de Christophe.

Les traces supposées, mais c'est la seule piste qu'elle ait. Elle n'est pas montée jusque-là pour faire demi-tour et rentrer bredouille.

Sous sa chemise, le percuteur du pistolet lance-fusées lui chatouille le nombril. Une poignée de cartouches s'entrechoquent dans sa poche.

Quand elle a vu cet attirail dans la cantine métallique, la suite des événements s'est clairement dessinée dans son esprit : prendre le pistolet et des munitions, s'éclipser discrètement, retrouver Christophe, essayer de s'en sortir avec lui, et, si cela ne marche pas, se mettre à l'abri et signaler leur position en tirant les fusées.

Un plan simple, et fou. On dit que ce sont les meilleurs.

De la clairière au GR, le trajet a été facile, elle connaît le pays, elle accompagne parfois les pensionnaires du Foyer dans leurs promenades. Elle connaît aussi le chemin de randonnée pour l'avoir pratiqué, mais ses souvenirs sont plus anciens ; elle les a rafraîchis en revoyant la carte d'état-major du colonel Houssin. A quand même failli s'égarer, et n'a trouvé que par un heureux hasard les deux traits rouge et blanc peints sur un tronc.

Incendie ou pas, en toute logique, le GR devait être le choix de Christophe, pour son voyage vers la côte, une fois écartées les solutions routières et ferroviaires.

Elle a vu juste : les pompiers ont rencontré le fugueur sur le chemin. Mais ils l'ont intercepté alors qu'il tentait de monter vers le plateau...

Il devait paniquer et croire qu'il serait en sécurité sur la garrigue. Il montait se jeter droit dans la gueule du feu, le pauvre inconscient.

Florence regarde autour d'elle.

Les pompiers ont raison, cette partie de la colline est encore relativement sûre. Mais, tant qu'il était à couvert de la forêt, Christophe ne pouvait mesurer l'ampleur du sinistre, d'où son erreur de jugement. Il ne savait pas que la garrigue était le dernier endroit où chercher refuge.

Maintenant, oui. Il sait. Il ne peut pas ne pas savoir : il peut tout voir.

La nuit n'est plus que flamboyance, la chaleur grésille dans le sous-bois, les fumées sont omniprésentes.

Il doit fuir droit devant lui.

Pas du tout : il la télescope au milieu du chemin de randonnée.

10

Éducatrice et fugueur se sont étalés ensemble. Florence se redresse la première. Relève le garçon.

– Voilà ce que c'est de foncer tête baissée sans regarder où on va ! ironise-t-elle pour masquer son émoi.

Des bras qui se tendent. Entourent son cou. Un corps qui se presse contre elle, et les larmes qui jaillissent.

Complètement désemparée, elle le berce, oubliant son âge, murmurant des paroles apaisantes. Christophe se laisse aller ; il craque sans retenue. Toute la tension accumulée en lui s'échappe en sanglots convulsifs.

Florence se secoue. Ses paroles apaisantes se transforment en paroles décidées. Elle abrège les effusions, ce n'est pas l'heure de s'attendrir ni de s'éterniser.

– Console-toi vite, nous ne devons pas moisir ici !

– J'ai honte, je...

– Tais-toi ! Nous parlerons de ça plus tard ! Où courais-tu ainsi à l'aveuglette ?

Christophe montre le GR.

– Le chemin est coupé plus loin.

– Comment ça, coupé ? Je ne vois rien...

– Après le tournant. Des gros arbres sont tombés en travers du chemin, ils brûlent, on ne peut plus passer.

– Ils brûlent tout seuls, ou la colline aussi ?

– Je ne sais pas. Tout seuls, je crois... Mais ça fait un sacré barrage !

– Il n'y a pourtant rien là où nous sommes...

Florence regarde de tous côtés. Des feux au niveau du chemin, elle en voit, mais loin. Enfin, assez. D'autres brillent dans la pente. Elle regarde en l'air.

La barre de feu dévorant le sommet a grossi. Le vent est plus violent en altitude. Le ciel ondule comme un océan de métal en fusion, strié d'escarbilles tourbillonnantes.

L'éducatrice comprend : le feu voyage en hauteur, au gré des sautes de vent, à la cime des arbres. Ensuite, les flammes jouent à Tarzan de branche en branche. Au sol, l'incendie ne peut se propager comme il le voudrait : les produits déversés par les hélicoptères cracheurs contrarient sans cesse son parcours. Alors, le feu ruse.

– Donc, le chemin est coupé...

– On ne passe pas, je vous le jure ! dit Christophe ; j'ai essayé de contourner, rien à faire, alors je suis revenu et je vous ai tamponnée... Je ne vous avais pas vue !

– Autant pour moi, je ne t'ai pas vu non plus ! Tu sais qu'on est coincés ? Derrière, ce n'est pas mieux, je l'ai constaté.

– Je pensais monter sur la garrigue...

– C'est là que l'incendie a commencé, couillon ! Il faut descendre, c'est la seule solution.

– J'y ai pensé, aussi, mais c'est casse-gueule !

– Attends, laisse-moi réfléchir...

Florence ferme les yeux. Revoit en pensée les détails de la carte d'état-major. La trace des sentiers, le double pointillé du GR – un gros trait noir que suit l'ongle du colonel.

– Christophe... Tu connais la combe Mazel ?

– Non. Qu'est-ce que c'est ?

– Le lit d'un torrent qui descend de la montagne. Je l'ai traversé en montant.

– Il doit être à sec, non ?

Les capacités de réflexion sont revenues, bien. Florence ébouriffe la chevelure du garçon.

– Il est à sec, oui, mais il ne s'agit pas de trouver de l'eau. Le lit de ce torrent est profond, tu comprends ? Et plus il descend la colline, plus il doit être profond, tapissé de cailloux, sans arbres ni buissons...

– J'ai compris ! On peut le suivre à l'abri du feu, c'est ça ?

– Tu as mieux à proposer ?

– Ben... Non !

– Alors, en route !

– Vous savez où elle est, cette combe Machin ?

– En dessous de nous. Pas très loin, je suppose. J'espère !

Florence et Christophe quittent le GR et s'engagent dans la pente, direction la vallée.

Ils vont lentement.

La déclivité, les troncs rapprochés, les pierres glissantes, autant de pièges. Christophe avait vu juste : la descente est périlleuse. Pire que la montée. Sa cheville a gonflé. Porter tout son poids dessus est une torture, qu'il endure sans mot dire. Il se voit mal se plaindre à celle qui a eu assez de cran pour venir le chercher aux portes de l'enfer.

Un enfer dont la chaleur baisse. Ça les rassure.

Il leur faut un peu plus d'un quart d'heure pour atteindre la combe Mazel. À la lumière du ciel rougeoyant, ils peuvent voir qu'elle continue de s'encaisser, devenant ravin.

– Ça va où ?

– Je ne sais pas, Christophe...

Le doigt du colonel s'était arrêté à la pliure de la carte.

– Mais ça va dans le bon sens, c'est tout ce qui compte ! Allons-y.

Un peu d'escalade pour descendre dans le ravin, où la terre se fait rare. L'eau a mis les rochers à nu, et dégagé çà et là des racines solides qui facilitent leur varappe. Ils prennent pied au fond de la combe. La suivent.

Un hélicoptère passe. Ils l'entendent lâcher sa cargaison plus loin.

L'érosion et les crues hivernales du torrent ont creusé son lit en profondeur : plus ils avancent, plus s'élèvent deux hautes murailles rocheuses. La combe s'enfonce maintenant dans une véritable crevasse dont les bords vont s'élargissant. Le feu pourrait à la rigueur sauter par-dessus en s'aidant des arbres si le vent lui était favorable, mais en aucun cas atteindre le fond.

Que souhaiter de mieux ?

Néanmoins Florence s'alarme. Ils marchent dans un sorte de défilé dont ils ne pourront pas sortir en cas d'urgence, sinon en rebroussant chemin.

C'est peut-être un piège.

La faille fait un coude. Après le virage, le lit du torrent s'affaisse, s'évase en bassin. Puis plus rien. Le vide.

Une cascade. Une chute, même. Vertigineuse.

– Vous.. Vous ne saviez pas ? gémit Christophe.

Florence se tait.

Sur la carte d'état-major, de l'autre côté de la pliure, le trait noir s'arrête net sur la courbe de niveau. La suivante indique un dénivelé de cinquante mètres.

– Tu sais ce qu'est une courbe de niveau, Christophe ?

– Un peu. On a vu ça en géo, mais j'ai pas tout retenu !

– Moi, j'aurais dû...

– On ne va pas remonter, hein ?

– Je me demande...

L'éducatrice lutte contre le découragement. Le piège a peut-être des avantages qu'elle n'a pas remarqués.

Le fond du bassin est relativement régulier, constitué d'un entassement de pierres plates superposées comme les ardoises d'un toit fabriqué par un couvreur un peu fouillis. Les parois de la combe sont vierges de toute végétation ; pas d'arbres plantés en bordure de la faille.

Le bassin est à l'aplomb d'une grande trouée de la forêt. Murailles de chaque côté, précipice devant, ils sont bien dans une impasse. À la verticale comme à l'horizontale.

Mais Florence sourit.

– On ne bouge pas, Christophe ! Regarde autour de toi... Ici, il ne peut rien nous arriver !

Elle halète en fin de phrase. A du mal à reprendre sa respiration. Christophe dégouline de sueur.

L'atmosphère se fait lourde et acide. La peau picote. Les cheveux s'électrisent.

– Il recommence à faire chaud... J'ai du mal à respirer, vous savez ?

– Moi aussi, mais ne t'inquiète pas, ce n'est que l'incendie qui se rapproche, c'est norm...

Florence se mord les lèvres. L'incendie qui se rapproche. Dévorant tout sur son passage, les fougères, les arbres, la moindre brindille – et l'air.

Le feu a besoin d'oxygène pour respirer, lui aussi.

Et là où il respire, il n'y a pas de place pour des intrus. Le feu est aussi vorace qu'égoïste.

Dans un incendie, on meurt généralement asphyxié avant d'être touché par les flammes, à moins de sauter directement dans le brasier. L'éducatrice se le rappelle. Et ça l'affole.

Dans la combe, la température s'élève. L'air devient peu à peu irrespirable. Le grondement du feu qui progresse gagne en intensité sonore.

Florence étreint la crosse du pistolet lance-fusées.

11

La clairière grouille de monde.

Tout ce que la région compte de pompiers est là. Des blessés ont été ramenés des sous-bois ; de nouvelles ambulances sont arrivées avec des médecins supplémentaires.

Les gendarmes du colonel Houssin ont quitté la forêt, elle appartient aux hommes du capitaine, désormais. Bientôt aux seules flammes si les choses ne s'arrangent pas.

Houssin a rameuté des renforts pour canaliser les curieux qui affluent, maintenant que le spectacle est assuré. La route est embouteillée de véhicules divers qui gênent les secours, des piétons ont rejoint la clairière à travers la campagne.

C'est beau, le feu, la nuit.

Encore plus beau à la télé : une équipe de reportage des actualités régionales filme à tout va. Houssin ne s'est pas opposé à sa venue, pour ne pas déclencher des émeutes devant les téléviseurs. La mort en direct fait recette ; elle gomme toute humanité dans le cerveau des téléspectateurs.

Dernier arrivé : le maire en personne.

Il est allé directement à la table devant l'autopompe, d'où le capitaine dirige les opérations, secondé par son fils Bertrand, pompier volontaire débutant. Il était de réserve à la caserne, il vient de monter à la clairière. Son père l'a collé d'autorité aux transmissions.

– Je sais, tu veux aller au feu ! Pour l'instant, priorité à ceux qui ont de l'expérience. Mais ne te bile pas, tu seras peut-être obligé d'y aller... Et alors, crois-moi, tu regretteras ton micro et tes écouteurs !

Il les regrette déjà : de nombreuses interférences altèrent les communications et ne facilitent pas sa tâche. Malgré cela, la lutte contre l'incendie se poursuit sans trop de perturbations. Les Canadair et les hélicoptères vont et viennent en un incessant ballet aérien. Efficaces. Grâce à leurs efforts, aux risques démentiels que prennent les hommes au sol, le sinistre est contenu. Quasi maîtrisé.

Mais il suffirait d'un rien pour que la situation ne bascule de nouveau en faveur du feu.

– C'est une catastrophe ! répète le maire pour la onzième fois en huit minutes.

Houssin et le capitaine ne font pas de commentaire : ils le savent depuis un bon moment.

– Aucune nouvelle de la jeune femme et du garçon ?

L'officier de gendarmerie montre la colline en flammes. Sans rien dire.

– Ils sont quelque part là-dedans, soupire le pompier ; ils ont été vus pour la dernière fois dans ce secteur...

La pointe d'un crayon posée sur la carte. Le double pointillé du GR. Là où ses hommes ont signalé le fuyard, puis son éducatrice. Le premier fuit toujours, la seconde n'est pas revenue à la clairière. Le capitaine n'avait pas osé blâmer celui qui lui avait rendu compte à la radio des rencontres successives.

Le visage du colonel Houssin avait pris une couleur de craie. Bel exploit vu la chaleur cuisante qui règne dans la clairière.

– Ça se présente comment, par là ? grommelle le maire.

– Mal ! Je ne parle pas du vent, ça pourrait être pire, répond le pompier ; le plus grave, c'est que la ligne de feu ne descend pas la pente en un seul front, elle s'est divisée, ça crée des couloirs par où le vent circule et allume de nouveaux foyers dispersés. Les Canadair et les cracheurs ne peuvent être partout à la fois !

– Vous voulez dire que la vallée est toujours menacée ?

Le maire y a de gros intérêts fonciers. Houssin se demande s'il s'inquiète pour eux, ou s'il serait secrètement ravi de les voir partir en fumée, avec de vilaines arrière-pensées spéculatives. De là à le soupçonner d'avoir commandité les pyromanes, il n'y a qu'un pas – que l'officier se garde de franchir ; l'enquête établira les responsabilités de chacun en son temps.

– Pas de souci pour la vallée, monsieur le maire, dit le capitaine ; si la situation se maintient, nous arrêterons les flammes ici. Mais je peux être contraint de retirer tous mes gars de la forêt, si le feu les prend à revers.

– La femme et le gosse n'ont aucune chance, alors ?

Le pompier fait un geste de la main, fataliste.

– Plus guère. Ils ne peuvent que descendre vers nous... S'ils sont encore en vie !

Dominant à grand-peine le rugissement des flammes, des moteurs puissants se font entendre dans le ciel illuminé. Les Canadair reviennent d'avoir rempli leurs soutes à la plus proche étendue d'eau survolable. Certains ont dû aller jusqu'à la mer. Ils cerclent à distance, cherchant le meilleur endroit où délester.

Houssin s'est penché sur la carte. Une idée folle lui a traversé l'esprit. Il a bien retenu ses leçons de géographie sur les courbes de niveau, lui.

– Dites, capitaine... La combe Mazel...

– Qu'est-ce qu'elle a, la combe Mazel ?

– S'ils fuient devant le feu en descendant, ils vont tomber dessus. Je vois qu'elle est profonde. Ils peuvent trouver refuge dedans ?

– La rousse et le gamin ? Oui, ils peuvent. Là, ils ne brûleront pas...

Les lèvres du capitaine se pincent.

– ... Ils étoufferont !

Lentement, ou rapidement, tout dépendra de la proximité de l'incendie. Le pompier espère qu'il sera tout proche.

Un frisson glacé parcourt l'épine dorsale du colonel Houssin. Il écrase son doigt sur la carte.

– Il faut aller les chercher ! Vous avez un hélicoptère gros porteur à votre disposition, capitaine ?

– J'ai un Super-Frelon à la chauffe sur l'héliport, comme toujours en pareil cas. Mais je ne peux pas l'envoyer au feu sans objectif précis, mon colonel !

– Supposez que nous localisions la rousse et le gamin...

– Je vous vois venir !

– Le *ventilateur** pourrait les hélitreuiller, non ?

Le capitaine examine la carte. Mesure des distances entre le GR et le gros trait noir qui marque la combe. Extrapole les dernières informations qu'il possède sur les progrès de l'incendie dans ce secteur.

– C'est jouable, mon colonel. Dangereux, mais jouable ! En s'élargissant, la combe est de plus en plus à ciel ouvert, l'hélico peut s'approcher. Au point où

***Hélicoptère,* en argot d'aviation militaire.

nous en sommes, son rotor ne peut guère attiser le feu ! S'il...

– Qu'est-ce que c'est que ça ? s'exclame le maire.

Il désigne un trait jaune étincelant qui monte droit au ciel.

La comète furtive est partie à mi-pente de la colline ; difficile d'estimer d'où exactement.

Le trait jaune explose au sommet de sa trajectoire.

Trois étoiles vertes scintillent, retombent mollement, freinées par de petits parachutes.

Bien visibles dans la furie rouge, jaune et orangé.

Le capitaine a bondi sur ses pieds.

– Trois vertes ! Qu'est-ce que c'est que ce foutoir ?!

– Problème ? dit Houssin.

– Une fusée à trois vertes, c'est pour les Canadair, largage sur un endroit qui ne brûle pas...

– Je croyais que c'était le boulot des cracheurs ?

– Largage d'urgence pour stopper le feu coûte que coûte, procédure exceptionnelle ! Un de mes gars a dû la juger nécessaire, mais ça m'étonne, il en aurait parlé à la radio, c'est une décision qui... Bertrand !

– Mon capitaine ?

Au feu, on ne dit pas « Papa » à son chef.

– Demande à tous qui a tiré cette fusée et pourquoi ! Je vais prendre mes jumelles, il va y en avoir une autre. Oui mon colonel, la première avertit le Canadair, la seconde le guide sur le site à bombarder...

Le capitaine court à sa Jeep. Prend ses jumelles dans la cantine. Remarque l'absence du pistolet lance-fusées ; un paquet de munitions éventré. Il en manque. Quelques cartouches aux étuis verts se sont éparpillées au fond de la caisse métallique.

Le pompier revient ventre à terre vers le colonel.

– La fille ! La rouquine ! Elle m'a volé le lance-signaux ! C'est elle qui a tiré la fusée !

– Tant mieux, dit le maire ; vous vouliez les localiser, non ?

– Elle ne connaît pas les codes ! rouspète le capitaine ; elle a pris des cartouches au hasard !

– Et alors ?

– Trois vertes, c'est le largage de la dernière chance, le pilote du Canadair le sait, il va prendre tous les risques... Ce n'est pas une douche qu'ils vont recevoir, mais des tonnes d'eau compacte lâchées à basse altitude !

– Vous voulez dire...

– C'est un mur de béton qui va leur arriver sur la gueule ! trépigne le pompier ; Bertrand ! Avertis tous les avions de ne pas tenir compte des fusées jusqu'à nouvel ordre !

Les interférences brouillent les ondes. Bertrand a du mal à joindre les Canadair.

Une seconde fusée monte de la forêt. Explose. Trois étoiles vertes.

– Bertrand !

– Écho-Lima et Charlie-Oscar n'ont pas accusé réception du message, mon capitaine... Je fais tout ce que je peux !

Le pompier tend l'oreille. Distinctement, il entend les moteurs d'un appareil changer de régime. Un bombardier d'eau s'est détaché de l'escadrille qui cerclait en attente. Il vrombit en piquant vers la pente, aligné sur la trace de la fusée qui marque encore faiblement le paysage.

Écho-Lima ou Charlie-Oscar. Fidèles au poste. Professionnels.

Le capitaine jure.

– Bertrand ! Alerte générale pour les hommes au sol ! Gare à la flotte !

Il n'y a rien d'autre à faire. Le pompier braque ses jumelles sur le brasier, en désespoir de cause. Au moins, il peut tenter de situer le point de largage.

Il y aura peut-être des cadavres à aller ramasser.

12

Le Canadair surgit de la nuit brasillante au plus bas sur la combe Mazel, cap bien parallèle à la faille.

Il corrige un degré d'assiette sans s'écarter de sa trajectoire. Impeccable. Ses soutes s'ouvrent. Se vident d'un seul coup.

Brutalement allégé, l'appareil remonte en chandelle.

Un raz de marée déferle dans la combe.

L'eau se fracasse sur les parois, rebondit, rejaillit et se replie comme les ailes d'une raie manta, roule et submerge tout sur son passage. Le torrent n'est plus qu'une énorme vague tumultueuse. Elle se brise contre le coude, s'enroule en déferlante à faire saliver un surfer. Le rouleau retombe sur lui-même et se pulvérise. Une muraille liquide envahit le bassin, le balaye, le noie, glisse jusqu'à la chute, bondit dans le vide, s'écrase cinquante mètres plus bas dans un bruit de tonnerre. La cataracte se vaporise en brouillard d'écume.

Pile sur le site. Le pilote d'Écho-Lima est un as.

Le bassin baigne dans un demi-mètre d'eau agitée d'où émerge la tête de Christophe, crevant la surface comme un bouchon.

La violence du flot subit l'a projeté en bordure du bassin. À moitié assommé, il a failli se noyer, coincé sous la base ravinée d'un pavé de roc. Le courant créé par la chute de l'eau l'a miraculeusement dégagé.

Sa force d'attraction l'entraîne à présent vers le gouffre.

Il se rattrape comme il peut avant de faire le grand saut, lui aussi. Quand le courant se fait moins brutal, il se hisse sur une pierre plate.

Il hurle à gorge déployée.

L'air revient dans ses poumons. Il tousse, il hoquette, il recrache de l'eau par la bouche et les narines.

Et s'aperçoit qu'il est seul.

Pas de Florence en vue. Nulle part.

Le cœur du garçon se serre. Les larmes lui montent aux yeux. Un peu plus d'humidité sur son visage détrempé.

– Flo... Florence ! balbutie-t-il, anéanti.

Le courant a cessé. L'eau stagne dans le bassin ; la chute n'est plus qu'une cascade bruissante. Les parois de la combe ruissellent.

Christophe quitte sa pierre plate. Patauge vers le précipice en boitant. Il vise un gros rocher auquel il pourra se retenir quand il se penchera pour sonder l'abîme. Ce qu'il fait.

L'eau bouillonne en contrebas. Et il voit l'éducatrice.

Elle est juste en dessous de lui. En tendant la main, il pourrait presque toucher sa tête rousse.

Elle le voit aussi. Leurs regards se croisent. Allégresse.

Le raz de marée l'a entraînée droit sur le rocher. L'y a plaquée avec brutalité. Elle a ensuite été emportée par le flot, dans le gouffre – du bon côté du rocher, là où la paroi n'est pas à pic. Passant de l'autre côté, elle tombait directement au fond du trou.

Un surplomb l'a stoppée. Elle s'est aussitôt collée contre la roche pour ne pas s'en faire arracher par les trombes d'eau qui se déversaient sur elle.

– Ça va ? ne sait que dire Christophe.

– Ça pourrait aller mieux !

Florence est scotchée à la paroi. Elle se tient en équilibre précaire sur un pied, le gauche, une main crochée dans une crevasse. Elle n'a pas lâché le pistolet.

– Christophe, attrape !

Elle le lui lance. Elle a besoin de ses deux mains pour assurer ses prises. Elle désespérait de voir la tête du garçon surgir du bassin. Avait décidé de compter jusqu'à cent avant de se débarrasser du lance-fusées.

Christophe s'est montré à quatre-vingt-neuf. Il attrape le pistolet au vol et le glisse à sa ceinture.

– Je l'ai !

– Ne le perds pas ! Je vais te passer les cartouches...

– Rien ne presse, remontez !

– Je ne peux pas...

Elle a essayé. Ce n'est pas par hasard si elle se tient sur son seul pied gauche : quand elle a posé le droit, la douleur a fulguré dans toute sa jambe. Elle doit être cassée. Fracturée en plusieurs endroits tant elle lui fait mal. Maintenant qu'elle peut s'accrocher à deux mains, elle soulage sa jambe valide. Mais pour l'escalade unijambiste, ça va être du sport.

Christophe a compris. Cherche déjà comment descendre pour l'aider.

Florence secoue la tête, furieuse.

– Non ! Je t'interdis de venir, tu vas te tuer ! Je vais te lancer une fusée, tu la tireras...

Christophe se tourne, dos au précipice.

– Et si un autre avion balance la flotte ? Vous n'y résisterez pas, sur une seule jambe... Discutez pas, j'arrive !

Le premier appui qu'il prend dans la paroi réveille sa cheville foulée. Il l'avait oubliée, celle-là. Il manque lâcher prise. Se mord l'intérieur des joues pour ne pas crier. Se plaque contre la roche, les doigts en râteau plantés dans la moindre anfractuosité. Il tient bon.

La douleur reflue. Il descend encore. C'est douloureux, mais, chauffée par l'effort, son articulation le fait moins souffrir. Pourvu que ça dure.

– Tu es fou, Christophe...

– Non, je suis le rois des cons ! Tout est de ma faute !

Un Canadair approche en perdant de l'altitude. Ses moteurs résonnent dans la combe, encore lointains. Christophe serre les dents. Il faut aller plus vite.

Ses talons rencontrent une surface plane. Dure.

Il n'ose y croire : il a pris pied sur une petite plateforme en saillie. Pas bien grande, mais on peut y tenir à deux.

Il est presque à la hauteur de Florence. Même distance que tout à l'heure depuis le rocher mais à l'horizontale. Un simple bond en temps normal – une année-lumière par-dessus l'abîme.

Christophe tend la main. Il lui manque une longueur de bras pour toucher l'épaule de l'éducatrice.

– Florence, rejoignez-moi !

– J'ai la jambe cassée...

– Raison de plus ! Ici, vous pourrez vous asseoir !

Au-dessus d'eux, le creux de la faille bourdonne et vibre. Le Canadair survole la combe. À travers le pare-brise du cockpit, le pilote peut voir le coude que fait le torrent avant le bassin.

– Vous entendez l'avion ? On va se faire arroser dans trente secondes ! Vous... Magne-toi !

Florence se campe sur son pied gauche. Il lui faut pousser dessus, se détendre comme un ressort et lancer les mains vers la saillie.

Trop court. Ses ongles griffent la pierre sans trouver prise. La semelle de sa chaussure touche la paroi, mais glisse. Instinctivement, elle pose son pied droit.

Douleur insupportable. Elle crie. Tout son corps s'arque. Ses mains battent l'air. Elle bascule. Elle tombe.

Non.

Christophe s'est jeté à plat ventre sur la corniche, bras tendus. Il rattrape l'éducatrice par le col. Lui cramponne une main. L'autre main de Florence jaillit. Se referme sur le poignet du garçon.

L'éducatrice pend dans le vide.

De tout son poids. Elle n'est pas grosse, mais quand même. Les muscles des bras de Christophe se contractent. Ce qui les sauve, elle et lui, c'est que le poids de la jeune femme écrase son porteur sur la plate-forme au lieu de l'entraîner dans le vide.

Christophe respire rauque.

– Soulagez-moi, je vous en supplie ! Je vais vous lâcher !

– Tu ne me tutoies plus ? Je commençais à m'habituer ! ricane Florence pour cacher son affolement.

Pas question de poser le pied de sa jambe cassée. L'autre tâtonne les rochers. Finit par trouver une arête vive sur laquelle prendre appui. La semelle dérape. Florence pédale dans le vide. Ramène son pied sur la paroi. La pointe de sa semelle se fourre dans un creux. S'y coince. L'éducatrice raidit sa cuisse. Le pied tient. Elle se redresse.

Soulagement. Christophe peut se reposer les bras. En profite pour mieux assurer ses prises manuelles.

Le Canadair survole le bassin et le gouffre en grondant. Vire sur l'aile. Le fracas de l'eau vomie par ses soutes se fait entendre plus loin.

– Coup de pot ! halète Christophe ; faut remonter, Florence...

– Je vais essayer... Jusqu'à toi, je crois que je peux... Mais ne compte pas sur moi pour grimper jusqu'au bassin !

– Venez... Viens déjà ici !

Au prix d'efforts surhumains, suants, criant de douleur chacun son tour, Christophe tirant, Florence poussant sur un seul pied, centimètre par centimètre, les muscles tétanisés, l'éducatrice parvient à se hisser sur la plate-forme.

Christophe peut enfin la lâcher. Elle rampe sur les fesses. S'adosse à la paroi, sa jambe blessée pendant dans le vide.

Ils se serrent l'un contre l'autre. Assis, ils occupent la totalité de la saillie.

Christophe examine la paroi qui remonte vers le bassin. Florence fait la grimace.

– N'y compte pas ! Je suis épuisée, je n'y arriverai pas ! Vas-y, toi. Voilà une fusée...

L'effort passé, Christophe sent sa cheville l'élancer de nouveau. Il le dit.

– On est beaux ! soupire l'éducatrice.

– Je peux très bien tirer la fusée d'ici ! Comment ça se charge, ce truc ?

Florence lui montre. Il pointe le pistolet vers le ciel, le plus vertical possible. Appuie sur la détente.

La cartouche ne part pas. Le percuteur fait une étincelle ; un peu de fumée âcre. La munition a fait long feu.

Christophe et Florence n'osent pas se regarder.

– C'est trempé, constate le garçon.

– Je sais que ce n'est pas drôle... Mais c'est le comble, au beau milieu d'une colline en flammes !

– Je vais l'essuyer. C'est tout ce que je peux faire...

Ses vêtements ne sont pas plus secs que lui, mais ils épongent un tant soit peu le pistolet.

Le largage du Canadair a rafraîchi l'atmosphère de chaudière qui régnait dans la combe. Les rescapés respirent plus librement. Tout n'est pas négatif.

Et il semble à Florence que la nuit est moins rouge.

13

Dans la clairière, une certaine euphorie se peint sur les visages fatigués : le vent a cessé de souffler en rafales.

Il n'est pas retombé complètement, loin s'en faut, mais le feu a perdu son meilleur allié. Sa voracité décroît.

Le travail des pompiers s'en trouve facilité, ils progressent dans les sous-bois (ce qu'il en reste) à moindre péril. Bombardiers d'eau et cracheurs manœuvrent plus à l'aise ; la précision de leurs largages s'en ressent.

Les rouges et les jaunes flamboyants s'estompent. Le ciel redevient lentement sombre, à peine orangé. Une ligne claire hésite à mordre l'horizon.

L'aube va poindre.

Devant sa carte, le capitaine a retrouvé un semblant de sourire. Le colonel Houssin pas, bien que les curieux commencent à rentrer chez eux, puisqu'il n'y aura bientôt plus rien à voir. L'opération de sauvetage prête à être mise en œuvre n'a pas été divulguée, exprès. Inutile de faire revenir les voyeurs avec la promesse de sensationnel malsain.

Le maire ne dit rien. Il se tient à l'écart. Il restera jusqu'au bout, en bon élu soucieux de son image de marque.

Bertrand a rendu compte des dernières informations transmises par les appareils d'observation. Sur le plateau, la garrigue est détruite en totalité, mais le feu est arrêté sur trois fronts.

Reste la colline. Les trois quarts du versant ne sont plus que cendres fumantes et troncs calcinés où caracolent quelques flammes intrépides, mais isolées. Seul subsiste à mi-pente un foyer important qu'hommes et avions s'emploient à réduire.

Ce foyer est directement au contact des abords de la combe Mazel. C'est pour cela que le colonel Houssin ne parvient pas à sourire. Il envie presque la bonne humeur du capitaine.

Celui-ci le détrompe.

– Ne me regardez pas comme ça, mon colonel ! Je suis content à cause du vent qui faiblit, du feu qui recule, mais je ne cesse de penser à... à eux !

Charlie-Oscar a enfin été joint par radio avant qu'il n'inonde à son tour la faille. Le pilote du second Canadair a été formel : Écho-Lima a vidangé ses soutes en plein sur la combe, en amont d'un virage que fait le lit encaissé du torrent.

Le capitaine a reporté ces données au crayon sur la carte.

– Là, mon colonel. Il n'y a pas d'autre virage le long de ce secteur.

– Voyons... Ils ont été vus pour la dernière fois ici, un peu plus haut, sur le chemin de randonnée. Mettons qu'ils aient encore suivi le GR avant de se décider à redescendre... Ils ont dû trouver la combe avant le coude, non ?

– Probable. Au pire, ils sont revenus sur leurs pas pour trouver un passage moins raide, ce coude est au fond d'un vrai ravin.

– Après le coude ?

Le pompier étudie la carte en détail.

– Un bassin, mais...

– La rousse a tiré une fusée, c'est qu'ils sont là ! coupe l'officier de gendarmerie ; elle n'est pas stupide, elle doit bien se douter que le salut ne peut plus venir que par la voie des airs ! Et s'il ne vient pas, elle se met à l'abri du feu au meilleur endroit possible, non ?

– Cela ne me réjouit pas plus que ça... Je ne reviens pas sur le danger d'asphyxie, mais vous oubliez qu'Écho-Lima a balancé la sauce sur la combe !

Le capitaine pousse la pointe de son crayon au-delà de la pliure de la carte. Souligne la différence de courbes de niveau.

– Après le bassin, cinquante mètres à pic. Si l'eau les a balayés, on ne peut plus rien pour eux !

– Sinon ? Du point de vue sauvetage, je veux dire ? rétorque Houssin, refusant de céder au pessimisme ambiant.

– Le coin est idéal ! Le bassin est large, dégagé, sans arbres, on ne peut rêver mieux pour hélitreuiller. Le hic, c'est le feu, ici...

Le pompier tend le bras vers la colline, où ses hommes se battent avec le dernier foyer.

– Un regain des flammes est toujours à craindre. Le manque d'air mettra du temps à investir la combe, mais peut étouffer les turbines du Frelon...

– Les risques sont acceptables ?

– Heu...

– Faites décoller le ventilateur, capitaine ! déclare Houssin ; j'en prends la responsabilité, si vous voulez...

Le pompier hausse les épaules.

– Je suis avec vous, mon colonel, nous ne serons pas trop de deux pour porter le chapeau ! Bertrand ! Envoie la grosse bête, je te donne les coordonnées de son objectif dans...

– Ils sont là !

Le maire est abonné aux fusées : c'est encore lui qui vient d'apercevoir le trait étincelant montant de la colline. En fait, la comète ne file pas droit, sa trajectoire est plutôt désordonnée, sinueuse, empanachée de fumée grise.

– Cartouche mouillée... murmure le capitaine.

Elle explose quand même. Trois vertes.

– Ils n'ont pas été balayés, capitaine ! exulte Houssin.

– Bertrand !

– L'hélicoptère vient de décoller, répond le fiston.

– Les coordonnées... Transmets ! Ensuite, fais dégager les cracheurs en limite de secteur, les Canadair peuvent rentrer à la maison... Non ! Garde-m'en un à portée d'intervention, au cas où. Celui qui a le plus de carburant en réserve...

Bertrand s'exécute.

Un secouriste circule dans la clairière en poussant un chariot roulant, chargé de bouteilles Thermos. Il sert du café fort et brûlant à la demande. Houssin et le capitaine boivent leur énième gobelet de la nuit. Sans sucre.

Le breuvage leur est plus doux qu'une tasse de miel pur.

– Mon capitaine...

– Oui, Bertrand ?

Le fils du pompier est mal à l'aise. Visiblement.

– Les... les hommes au sol souhaitent un largage supplémentaire sur leur position...

Houssin s'est raidi. Le capitaine reste de marbre.

– Largage d'urgence ?

– Non, mon capitaine, ils souhaitent, ils ne réclament pas ! Ils disent que ça accélérerait le boulot...

– Hélico ou Canadair ?

– Capitaine, ce n'est pas... commence Houssin.

– Plus tard, mon colonel ! Hélico ou Canadair, Bertrand ? répète le pompier.

Son fils manipule ses émetteurs. La réponse grésille dans ses écouteurs.

– Cracheur de préférence, mon capitaine. Mais si vous choisissez l'avion, les gars se disent prêts à se faire doucher... Ils demandent juste qu'on ne largue pas trop bas !

Le capitaine écrase son gobelet de plastique dans son poing fermé.

– Dis-leur qu'il n'en est pas question. Pas pour le moment. Si vraiment ça devient vital pour la position, on les douchera !

Souriant, le capitaine se tourne vers Houssin.

– Le sauvetage dans la combe d'abord, mon colonel, vous avez l'air d'y tenir !

– Moi, une rouquine qui me dit merde, je ne résiste pas ! soupire Housin ; mais vos hommes...

– Mes hommes en ont marre, ils veulent en finir au plus vite et je les comprends. Eux aussi, ils comprendront, quand ils sauront pourquoi je sursois à leur requête...

Le pompier regarde en direction des dernières flammes qui ronflent dans la nuit pâlissante. Baroud d'honneur, ultime caprice de l'incendie en guise de malédiction adressée aux hommes fatigués, mais victorieux.

Le capitaine ricane.

– Le feu est un sacré fils de pute, mon colonel !

14

Une nouvelle cartouche ne part pas. L'amorce charbonne en pet foireux.

Il en reste deux. Christophe astique de plus belle le pistolet et les munitions restantes.

Florence frissonne. La fièvre lui bat les tempes. Elle doit crisper ses mâchoires pour ne pas claquer des dents. Elle en viendrait presque à souhaiter le retour de la chaleur.

Elle ne cesse d'observer la nuit au-dessus du bassin.

– Tu as vu le ciel ? Il est plus noir... J'ai l'impression que le feu est en passe d'être maîtrisé.

– Cet incendie n'a pas été accidentel, dit Christophe ; j'ai vu les pyromanes !

– Je sais, un gros et un maigre, dit l'éducatrice ; ils ont été arrêtés par les gendarmes.

– Tant mieux ! Ce sont des odieux crimi...

Christophe se tait, honteux. Florence sourit en demi-teinte. Elle doit faire un effort ; elle souffre le martyre.

– N'exagère pas, tu n'es pas un criminel. Pas tout à fait ! La directrice pense que tu es un petit démon... Tu pourras te vanter d'avoir vu les flammes de près !

– Florence, je...

– Oui, Christophe ?

Les mots ont du mal à sortir.

– Je... je rendrai le fric ! Je l'ai toujours sur moi, il... il n'est pas mouillé, je l'avais mis dans une pochette étanche !

Prévoyant. Organisé. Escapade soigneusement préparée. L'éducatrice peut être fière de l'intelligence de son protégé. Avec un cerveau pareil, il peut aller loin – encore plus loin s'il choisit la mauvaise direction.

– Tu allais vraiment sur la côte voir ta grand-mère, ou ce n'était qu'un prétexte ?

– Je ne sais plus...

Le regard de Christophe se perd dans l'abîme. Florence lui prend le bras. Il se dégage, gêné. Introduit une cartouche dans la chambre de percussion du pistolet. Pointe le canon vers le ciel. Tire.

La fusée part en sifflant, crachant une gerbe d'étincelles.

Elle explose trop tôt, sans avoir pu dépasser le sommet de la combe. Les étoiles vertes retombent comme des cailloux au fond du précipice ; leurs petits parachutes n'ont pas eu le temps de se déployer.

Pas de commentaire. Florence louche sur la dernière fusée que Christophe frotte avec vigueur.

– Je crois que je serais revenu, de toute façon, reprend-il ; c'est pas pour passer la brosse, mais je suis bien, au Foyer... J'ai eu envie d'aller respirer ailleurs, je... je peux pas expliquer pourquoi !

– Moi non plus, mais je te comprends...

– Je me faisais du mauvais sang pour Mémé quand même, faut pas croire !

Florence hoche la tête, pensive.

– Tu as seulement mal choisi ta nuit ! Christophe, je ne veux pas te mentir, ta grand-mère est à l'hôpital, et ses médecins ne savent pas si elle s'en sortira, ajoute l'éducatrice ; la directrice te l'a caché, croyant bien faire. Elle s'est trompée... Je me serais peut-être trompée moi aussi, à sa place... Rassure-toi, je ne vais pas te faire la morale, tu es assez futé pour tirer toi-même la leçon de tes conneries...

Elle lui a parlé comme on parle à un adulte. S'il ne peut pas le comprendre après toutes les épreuves qu'il vient de subir, il ne comprendra jamais rien à rien.

Il esquisse un sourire grave. Très sérieux, soudain. Mûri.

– Je m'en doutais... C'est dans les films qu'on apprend à la fin que tout le monde est vivant et en bonne santé ! Mémé n'a pas loin de quatre-vingt-dix ans, elle n'est pas éternelle.

– Ce n'est pas ce que j'ai voulu dire...

Christophe fait le sourd. Brandit la dernière fusée dans son étui vert. Bien sèche.

– C'est dans les films aussi que les héros sont sauvés en tirant leur dernière cartouche !

Erreur : la combe gronde. Un battement sourd y résonne comme le tournoiement d'une fronde géante. Florence et Christophe lèvent la tête ensemble.

Un énorme hélicoptère se profile sur le ciel, feux de position clignotants, un projecteur de poursuite balayant l'obscurité de la faille. Il vient éclairer les rescapés recroquevillés sur leur corniche.

Vus.

L'hélicoptère se stabilise à la verticale du bassin et commence à perdre de l'altitude.

– Je crois que c'est pour nous, dit bêtement Florence.

– C'est un Super-Frelon, j'ai vu les mêmes à la télé, on va se faire hisser comme des sacs de farine !

– Repose ce pistolet, ce n'est pas le moment d'abattre nos sauveurs en tirant notre dernière fusée dans leurs réservoirs !

L'hélicoptère s'immobilise en vol stationnaire. Son rotor assourdissant soulève une petite tornade dans la combe. Sa porte latérale coulisse. Une potence est dépliée, fixée en position. Un crochet se balance au ras de la gorge d'une poulie.

Un homme sanglé dans un harnais d'alpiniste s'amarre au crochet en y cliquant un mousqueton. Se laisse aller dans le vide. La poulie dévide son câble ; le sauveteur descend droit dans le bassin.

Touche les pierres plates en douceur. Décroche le mousqueton. Fait un signe de la main vers l'hélicoptère, pouce et index joints en cercle.

Le filin remonte vers l'appareil.

L'homme vient se pencher au rocher qui surplombe la plate-forme. Il doit hurler pour se faire entendre.

– Vous êtes blessés ?

Christophe montre sa cheville, Florence sa jambe.

– Cassée ? s'époumone le sauveteur.

L'éducatrice fait « oui » de la tête. Plusieurs fois, pour indiquer la possibilité de fractures multiples. Le sauveteur fait la grimace.

– Et toi ?

Christophe se redresse sur la saillie. Il tient debout. Hurle à son tour.

– Foulure, m'sieur !

– Ne bougez pas, tous les deux !

L'homme se relève. Fouille dans les poches de sa combinaison. En sort une lampe à signaux qu'il oriente vers l'hélicoptère et délivre un message en morse lumineux.

Un paquet descend bientôt au bout du câble. Le sauveteur réceptionne une civière pliable et un harnais modèle enfant. Filin remonté, un deuxième sauveteur s'y accroche et descend dans le bassin.

Le premier se repenche vers les rescapés.

– Mademoiselle, nous allons d'abord treuiller le garçon... Attrape mes mains, je vais te tirer à moi !

Ainsi est fait. Christophe aussitôt parvenu dans le bassin, le deuxième sauveteur le prend en charge. Il le harnache, rapide et précis. Christophe se laisse faire, un peu hébété. Tout va tellement vite, soudain.

Varappeur expérimenté, le premier sauveteur a rejoint la corniche. Il s'agenouille auprès de Florence. La dévisage et sourit franchement. Va pour parler. Elle le devance.

– Une rouquine dans le secteur, c'est de la provocation ! On me l'a déjà dit ! crie-t-elle.

L'homme se marre.

– Je suis désolé de vous faire passer en second, mais votre état ne nous permet pas de vous treuiller avec le harnais...

– Aucune importance ! Vous nous sortirez d'ici tous les deux, non ?

– Pas de problème ! L'incendie est pratiquement circonscrit, rien ne presse, ce n'est pas le moment de vous esquinter un peu plus, vous avez eu votre compte !

Il ne parle pas des caprices du feu pouvant venir compromettre à tout instant l'hélitreuillage. Remonter un blessé est une manœuvre délicate ; remonter une folle furieuse au comble de la panique une corvée dont il se passerait volontiers.

Au-dessus d'eux, Christophe s'élève dans les airs au bout du câble. Il n'a d'yeux que pour Florence, qui le regarde quitter l'enfer avec émotion. Et une pensée saugrenue pour sa directrice.

– Ce doit être la première fois qu'un démon monte au ciel, dit-elle.

[redacted]

Le feu est mort au petit matin.

Un soleil timide se lève sur la garrigue dévastée. La brume se disperse lentement.

Silence.

Sur les crêtes montagneuses, une renarde va et vient, les oreilles couchées sur la nuque, comme un fauve en cage. De temps en temps, elle glapit, plaintive. Son flair ne capte que des senteurs fumeuses. Des odeurs de néant et de mort.

Sous un tapis de cendres, une braise rougeoie, minuscule et dérisoire. Le feu espère encore un geste de la part de la nature. Ou de la folie des hommes, plus généreuse.

La braise s'éteint doucement. Pas complètement. Le feu couve en sourdine. Il n'a plus rien à espérer ici. Qui sait, plus loin, ailleurs, avec l'aide du vent...

Un filet de fumée s'élève des cendres chaudes. La braise s'est éteinte. Le feu a perdu cette bataille.

Mais il ne meurt jamais tout à fait.

Le feu sait comment allumer d'autres nuits rouges.

Si ce livre t'a plu,

tu peux lire du même auteur

Ippon

n° 4 de la collection

Un homme s'est introduit chez Sébastien, mais ce n'est pas un vulgaire cambrioleur... Sébastien va devoir mobiliser toute sa science de judoka pour sauver sa vie.

souris noire

Dans la même collection

1 **Pinguino**
Franck Pavloff

2 **Lambada pour l'enfer**
Hector Hugo

3 **Le squat résiste**
Franck Pavloff

4 **Ippon**
Jean-Hugues Oppel

5 **Cauchemar-rail**
Stéphanie Benson

6 **Mon frère est un drôle de type**
Olivier Mau

7 **La Calanque des ermites**
François Joly

8 **Un privé chez les nababs**
Gérard Moncomble

9 **Embrouille à minuit**
Malika Ferdjoukh

10 **Nuit rouge**
Jean-Hugues Oppel

11 **Aladdin et le crime de la bibliothèque**
Marie et Joseph

12 **Wiggins et le perroquet muet**
Béatrice Nicodème

Achevé d'imprimer sur Cameron
par **Bussière Camedan Imprimeries**
à Saint-Amand-Montrond
Conception graphique couverture :
Didier Thimonier
Dessin de la Souris noire : Lewis Trondheim
Typo dessinée par Anne Ladevie
Dépôt légal : novembre 1997
ISBN : 2-84146-456-3
N° d'éditeur : 1539
Loi n° 49.956 du 16 juillet 1949
sur les publications destinées à la jeunesse
N° d'impression : 1/2829